광야를 읽다

광야를 읽다

지은이 | 이진희
초판 발행 | 2015. 5. 19
개정판 2쇄 | 2025. 4. 8
등록번호 | 제1988-000080호
등록된 곳 | 서울특별시 용산구 서빙고로65길 38
발행처 | 사단법인 두란노서원
영업부 | 2078-3333   FAX | 080-749-3705
출판부 | 2078-3331

책값은 뒤표지에 있습니다.
ISBN 978-89-531-4851-2 03230

독자의 의견을 기다립니다.
tpress@duranno.com   www.duranno.com

두란노서원은 바울 사도가 3차 전도여행 때 에베소에서 성령 받은 제자들을 따로 세워 하나님의 말씀으로 양육하던
장소입니다. 사도행전 19장 8-20절의 정신에 따라 첫째 목회자를 돕는 사역과 평신도를 훈련시키는 사역, 둘째 세
계선교(TIM)와 문서선교 (단행본·잡지) 사역, 셋째 예수문화 및 경배와 찬양 사역, 그리고 가정·상담 사역 등을 감당하고
있습니다. 1980년 12월 22일에 창립된 두란노서원은 주님 오실 때까지 이 사역들을 계속할 것입니다.

광야를 읽다

이진희

두란노

《광야를 읽다》는 광야와 사막을 통과한 이민 목회자가 쓴 책이다. 광야와 사막은 고난의 장소다. 메마름의 장소다. 고통의 장소다. 기다림의 장소다. 혼돈과 공허의 장소다. 그런데 하나님은 자기 백성을 광야로 인도하신다. 광야에서 키우신다. 하나님의 사람은 광야에서 만들어진다.

우리는 광야를 싫어한다. 하지만 광야는 종살이하던 이스라엘 백성들을 위대한 민족으로 만들었던 교육과 훈련의 장소였다. 광야가 없었다면 이스라엘 민족은 위대한 민족으로 개조될 수 없었다. 저자는 광야 속에 담긴 역설적인 하나님의 은혜를 가르쳐준다. 사막 속에 감추어 두신 오아시스와 같은 하나님의 은혜를 노래한다. 광야가 아니면 경험할 수 없는 하나님의 은혜를 찬양한다.

나는 이 책을 읽는 동안 하나님의 은혜가 내 영혼에 고요히 스며드는 것을 경험했다. 하나님이 광야와 사막 속에 담긴 감추어두신 보배를 한 아름 선물로 받고 있는 것을 경험했다. 이전에 알지 못했던 광야의 비밀을 알게 되었고, 이전에 막연하게 알았던 사막의 은총을 알게 되었다. 특별히 이슬 속에 담긴 하나님의 은혜는 내 가슴에 울림으로 다가왔다. 소리 없이 내리는 아침 이슬이 그토록 소중한 은혜임을 이전에 미쳐 몰랐기 때문이다. 낙타가 아침마다 무릎을 꿇음으로 하루를 시작한다는 사실을 통해 낙타의 영성을 배우게 되었다. 지도가 없는 사막을 갈 때 반드시 가이드가 필요하다는 진리는 사막을 건너는 인생에게 주는 소중한 깨달음이었다.

이 책을 고난의 광야와 메마름의 사막을 통과하는 분들에게 추천하고 싶다. 하나님의 말씀 속에 담긴 광야와 사막의 비밀을 깨닫고 싶은 분들에게 추천하고 싶다. 광야와 사막을 통과할 때 정말 필요한 하나님의 은혜가 무엇인가를 깨닫고 싶은 분들에게 추천하고 싶다. 광야를 통과함으로 광야의 리더가 되고 싶은 영적 지도자들에게 이 책을 추천하고 싶다. 이 책속에는 울림과 끌림이 있다.

강준민(새생명비전교회 담임목사)

시간은 세상의 모든 것에 유한함이라는 찌지를 붙이는 폭군이지만, 그러하기에 영원함을 내다보는 창문이 되기도 한다. 시간과 영원은 그렇게 등을 기댄 채 함께 서 있다. 시간 속을 바장이다가도 가끔 영원의 섬광을 만날 때가 있다. 그때 삶은 환해지고, 가야 할 길 또한 분명해 보인다. 하지만 그 시적인 순간은 짧고, 견디어야 할 일상은 길다. 그 일상은 각기 다른 욕망을 가진 타자들과의 힘겨운 대면으로 점철되어 있다. 삶이 힘겨운 것은 그 때문이다.

이진희 목사의 글을 읽다 보면 무겁기만 하던 일상이 가든해지는 느낌이 든다. 성서 시대의 지리와 문화사에 전문적인 식견을 쌓은 그는 복잡한 논리의 회로를 거치지 않으면서도 독자들을 성경이 전하는 메시지의 알짬으로 가볍게 인도한다. 이 책에서 저자는 하나님의 백성들이 머물러야 했던 '광야'에 주목한다. 은유로서의 광야 말고 물리적 실체로서의 광야 말이다.

광야는 아무것도 없는 곳이다. 지켜야 할 자아조차 스러지는 그곳에 서면 삶이 단출해진다. 그래서일까. 저자는 산 정상에 서는 것이 아니라 광야를 잘 통과하는 것이 생의 성공이라 단언한다.

광야를 통과하는 이들에게 주어지는 은혜는 '큰 비'가 아니라 '이슬'처럼 내린다. 일상 속에 촉촉히 배어드는 그 이슬의 은총을 은총으로 여길 수 있을 때 삶은 든든해진다. 저자가 두런두런 들려주는 이야기에 귀를 기울이다 보면 문득 인생의 짐이 가벼워지고, 우리 마음을 사로잡고 있던 비애가 사라졌음을 느끼게 될 것이다.

김기석(청파교회 원로목사)

이진희 목사의 책 속에는 언제나 성경의 향기가 물씬 풍긴다. 성실한 목회자이면서 동시에 깊이 있는 성경학자이기에 성경이 말하려고 했던 바로 그 교훈을 깊이 있는 통찰을 통하여 드러내고 있기 때문이다. 또 본인이 직접 성경의 배경이 되는 이스라엘과 주변 성지를 수없이 오고 가면서 체험하였던 것을 독자의 눈높이에 맞춰 전하고 있어 책 읽는 기쁨을 더 해준다.

이 책을 읽는 사람들은 답답했던 마음이 뻥 뚫리는 느낌을 받을 것이다. 그 동안 인생에 대하여 논하는 많은 책들이 있었지만, 이 책처럼 성경적 통찰을 분명하고도 깊이 있게 던져준 책은 많지 않았다. 한마디로 인생을 보는 영적인 눈을 열어 주기 때문이다.

저자는 인생은 산을 올라가는 것이 아니라 광야를 지나가는 것이라고 말한다. 이것을 깨닫는 것은 인생을 살아가는데 있어서 결정적인 영향을 끼치리라 생각된다. 누구나 정상에 오르기를 원하는데, 그것은 인생이 무엇인지 몰라서 그렇다. 인생은 광야를 통과하는 것이다. 이것을 깨달으면 인생을 보는 눈이 확 열린다. 그래서 성경에 광야의 이야기가 그렇게 많은 것이다.

이 책을 읽는 이들에게 '3장 나침반-방향만 정확하면 광야도 두렵지 않다'부터 읽어 보기를 권하고 싶다. 아마 서점에서 이 책을 집어든 이가 이 부분을 읽는다면, 반드시 이 책을 탐독하고 싶어질 것이다.

저자인 이진희 목사는 나의 신학교 동기이자 친한 친구이다. 이진희 목사의 책을 읽을 때마다 늘 좋았지만, 이 책에 대해서는 특히 감사를 표하고 싶다. 인생이 무엇인지 알지 못해 방황하는 사람들이 많고, 인생에 대해 잘못 알기에 엉뚱한 길, 아니 위험한 길로 달려가는 이들이 너무나 많다. 그런데 인생에 대한 깊이 있고 명확한 정의를 해 주었을 뿐 아니라, 인생을 살아가는데 필요한 구체적이고 실제적인 도움을 주고 있기 때문이다.

이 책은 인생이 무엇이며, 어떻게 살아야 하는지에 대한 놀라운 지혜가 담겨져 있다. 왜 예수님과 동행해야 하는지, 왜 성경을 반드시 읽어야 하는지, 왜 교회에 꼭 속해야 하는지 알게 되리라 생각된다. 나도 앞으로 참고하고 또 참고할 책이 될 것 같다.

유기성(선한목자교회 원로목사)

목차

추천사 : 강준민, 김기석, 유기성

프롤로그 : 광야로 들어가다

에필로그 : 광야에서 나오다

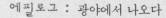

프롤로그

광야로 들어가다

인생의 광야, 하나님과 함께하라

《영혼의 창》,《묵상하는 삶》(이상 두란노)을 쓴 켄 가이어는 글 쓰
는 재능이 탁월하다. 그래서 목사지만 목회보다 글을 쓰고자 집을
팔고 시골로 들어갔다. 유명한 작가가 되리라는 꿈을 안고 말이
다. 그런데 막상 시골로 들어가 글을 쓰려니 글이 써지지를 않았
다. 작가가 되려고, 목사도 그만두고, 집도 팔고, 도시 생활도 정리
하고, 여섯 식구를 이끌고 시골로 내려왔는데, 이런 낭패가 어디
있단 말인가. 작가의 길이 하나님이 원하시는 길이라고 믿고 결단
을 내린 것인데 뜻대로 되지 않았다.

자신이 쓴 원고를 여러 출판사에 보냈지만, 연락 오는 곳이 단
한 곳도 없었다. 여섯 식구를 먹여 살려야 할 가장인데, 집도 없고
연금도 없고, 직장도 없고, 의료보험도 없는 상태였다. 모아놓은
돈은 점점 떨어져 갔고, 미래는 암담하게 느껴졌다. 그는 완전히
광야 한가운데로 내몰린 기분이었다.

켄 가이어는 자신이 할 수 있는 것에 최선을 다했다. 기도도 열

심히 하고, 인생의 광야를 벗어나기 위해 동분서주 뛰어다녔다. 그러나 시간이 지날수록 점점 마음이 불안하고 초조해졌다. 주변에는 전갈들이 우글거리고, 하늘 위에서는 태양이 이글거리는 인생의 광야 가운데서 그의 속은 분노로 활활 타올랐다.

> "너희가 어찌하여 우리를 애굽에서 나오게 하여 이 나쁜 곳으로 인도하였느냐 이곳에는 파종할 곳이 없고 무화과도 없고 포도도 없고 석류도 없고 마실 물도 없도다"(민 20:5).

광야는 파종할 곳이 없다. 씨를 뿌릴 수 없다. 먹을 것도 없고, 마실 물도 없다. 무화과도 없고, 포도도 없고, 석류도 없다. 모든 것이 없는 것 투성이다. 우리는 광야 같은 인생길에서 생각한다. 왜 이렇게 나한테는 없는 것뿐인가? 저축한 돈이 없고, 은퇴 연금이 없고, 집세가 없고, 직장이 없고, 차가 없고, 보험이 없는 자신의 처지가 처량하고 끔찍하게 여겨진다.

이렇게 광야는 아무것도 없는 곳이다. 그뿐만이 아니다. 광야는 아무것도 할 수 없는 곳이다. 이런 절망적인 광야에 딱 하나 있는 것이 있다. 그것이 무엇일까? 바로 하나님이다. 우리가 광야로 내몰린다고 할지라도 하나님은 늘 우리 곁에 계신다. 이스라엘 백성이 아무것도 없는 광야에서 40년 동안 살아남을 수 있었던 것도 모두 하나님 덕분이다. 하나님 때문에 우리는 광야를 걸으면서도 기뻐하고 즐거워할 수 있다.

"비록 무화과나무가 무성하지 못하며 포도나무에 열매가 없으며 감람나무에 소출이 없으며 밭에 먹을 것이 없으며 우리에 양이 없으며 외양간에 소가 없을지라도 나는 여호와로 말미암아 즐거워하며 나의 구원의 하나님으로 말미암아 기뻐하리로 다"(합 3:17-18).

광야는 씨를 뿌릴 수도 없고, 추수를 할 수도 없다. 그런데 이스라엘 백성들 가운데 40년간의 광야생활을 하면서 먹을 것이 없어서 굶어 죽은 사람은 단 한 사람도 없었다. 아니, 단 하루도 굶은 적이 없었다. 매일 하나님이 하늘에서 만나를 내려 주셨기 때문이다.

광야에는 샘이나 우물이 없다. 그 대신 오아시스가 있다. 생텍쥐페리는 《어린 왕자》에서 '광야가 아름다운 것은 어딘가에 오아시스가 숨어 있기 때문'이라고 했다. 광야를 지나가는 사람은 머릿속에 온통 한 가지 생각뿐이다. 그것은 바로 '물'이다! 광야를 지나다 오아시스를 만나면 사는 것이고, 만나지 못하면 죽는다.

하나님은 이스라엘 백성들을 오아시스가 있는 곳으로 인도하셨다. 때로는 바위를 깨뜨려 생수가 터져 나오게 하셨다. 하나님이 오아시스로 인도하지 않으셨다면, 바위에서 생수가 터져 나오게 하지 않으셨다면, 이스라엘 백성들은 광야에서 살아남을 수 없었을 것이다. 이렇듯 하나님의 은혜가 아니면 살아남을 수 없는 곳이 광야이다.

광야가 얼마나 뜨거운가! 피할 만한 그늘은 눈을 씻고 찾아봐도 없는 곳이 광야다. 그늘을 찾지 못하면 쓰러져 죽고 만다. 그런데 하나님이 어떻게 하셨는가? 구름기둥으로 거대한 그늘을 만들어 주셨다. 또 밤에는 불기둥을 보내 주셨다. 사막에서는 더워서 죽는 사람보다 밤에 추워서 죽는 사람이 더 많다고 한다. 밤에는 기온이 뚝 떨어지기 때문이다. 같은 온도라고 하더라도 광야에서는 훨씬 춥게 느껴진다고 한다. 한낮의 더위야 그늘로 피하면 되지만 추위는 그럴 수가 없다. 그래서 하나님은 거대한 불기둥을 통해서 밤에 추위로부터 이스라엘 백성들을 지켜 주셨던 것이다. 하나님의 은혜가 아닐 수 없다.

또한 하나님은 광야에서 이스라엘 백성들의 신발이 닳지 않게 해주셨다. 그게 무슨 대수냐고 말하는 사람도 있겠지만, 모르고 하는 소리다. 일주일 동안 사막에서 지낸 사람의 이야기를 들어보니, 발가락 사이로 모래가 들어가는 게 가장 힘들었다고 한다.

발가락 사이로 모래가 들어오면 피부가 쓸려서 상처가 나고 걷기가 불편해지기 때문이다. 사막에서 걷지 못하게 되면 그것은 죽는 것이나 마찬가지다. 생명과 직결된 중요한 사안이기에 하나님은 이스라엘 백성들의 신발을 닳지 않게 해주신 것이다. 신발을 닳지 않게 해주신 하나님의 은혜! 그 은혜가 아니었다면 이스라엘 백성은 광야에서 살아남을 수 없었을 것이다.

> "광야에서도 너희가 당하였거니와 사람이 자기의 아들을 안는 것같이 너희의 하나님 여호와께서 너희가 걸어온 길에서 너희를 안으사 이곳까지 이르게 하셨느니라"(신 1:31).

> "내가 애굽 사람에게 어떻게 행하였음과 내가 어떻게 독수리 날개로 너희를 업어 내게로 인도하였음을 너희가 보았느니라"(출 19:4).

하나님은 우리가 광야와 같은 인생길을 걷다가 쓰러질 때 다시 일으켜 주시고, 우리가 주저앉고 싶을 때 우리를 붙들어 주시고, 우리가 더 이상 걸을 수 없을 때 우리를 품에 안고 가시는 분이다. 일곱 번 넘어져도 여덟 번째 다시 일으켜 주시는 하나님이시다. 결코 우리를 내버려두고 가시지 않는다.

인생의 광야를 지날 때만 체험할 수 있는 특별한 하나님의 은혜가 있다. 만나와 메추라기, 구름기둥과 불기둥, 반석에서 터져 나오는 물, 갈라지는 홍해 같은 광야를 지날 때만 체험할 수 있는 특별한 하나님의 은혜가 있는 것이다.

어렵고 힘든 인생의 광야로 들어설 때 하나님과 함께하라. 그러면 광야를 지나는 사람만이 체험할 수 있는 특별한 하나님의 은혜를 만나게 될 것이다. 그리고 하나님의 은혜로 무사히 그 광야를 빠져나올 수 있을 것이다.

광야에서는 축복이 아닌 은혜를 구하라

광야는 가나안과 전혀 다르다. 하나부터 열까지 다 다르다. 가
나안에서 살던 것처럼 광야에서 살려고 하면 안 된다. 광야에서는
만나를 내려 주시는 것만으로도 감사해야 한다. 장막에 머물 수
있는 것만으로도 감사해야 한다. 작은 그늘을 드리우는 로뎀나무
만 있어도 감사해야 한다. 광야에서는 하루하루 살아가는 것만으
로도 감사할 일이다. 광야에서는 축복의 장맛비를 기대해서는 안
된다. 이슬 같은 은혜에도 감사하는 마음을 가져야 한다.

광야에서의 목표는 오직 하나다. 살아남아 무사히 광야를 통과
하는 것이다. 은금을 모으고 좋은 집과 곳간을 짓는 것은 가나안
에 들어간 다음에 할 일이다. 광야에서는 그런 축복을 기대해서는
안 된다.

광야를 지날 때는 황금이 아니라 생수를 달라고 기도해야 한다.
케이크가 아니라 만나를 달라고 기도해야 한다. 곳간을 채워 달라
고 기도하는 것이 아니라 일용할 양식을 달라고 기도해야 한다.

광야는 하나님의 은혜로만 살아갈 수 있는 곳이다. 하나님의 은혜가 아니고는 하루도 견딜 수 없는 곳이 광야이다. 그런데도 우리는 광야를 지나면서 축복 타령을 할 때가 얼마나 많은가? 하나님의 은혜로 무사히 광야를 벗어나게 해달라고 기도를 해야 하는데, 광야를 지나면서 축복을 달라고, 황금을 달라고, 은금이 증식되게 해달라고, 배부르게 해달라고, 잘살게 해달라고 할 때가 얼마나 많은가?

가나안에 들어가면 큰 집을 짓고 살고, 곳간을 늘리고, 은금이 증식되고, 소·양 떼가 불어나고, 배부르게 될 것이다. 그러나 그런 것들은 우리의 힘과 노력만으로도 얼마든지 이룰 수 있다.

이스라엘 백성이 광야를 지날 때, 하나님께서는 하늘로부터 이슬과 만나를 내려 주셨다. 생수를 공급해 주셨다. 구름기둥과 불기둥으로 인도해 주셨다. 이 모든게 하나님의 은혜이다. 하나님이 주셔야 받을 수 있는 것들이다. 은혜는 위로부터 하나님이 주시는 것이고, 복은 이 세상에서 내가 노력해서 얻을 수 있는 것들이다.

우리는 복을 받지 못해도 살아갈 수 있지만, 하나님의 은혜 없이는 살아갈 수 없다. 복은 불편함과 관련된 문제이다. 그러나 은혜는 생존과 관련된 문제이다. 복을 받지 못하면 좀 불편할 수 있지만, 하나님의 은혜 없이는 살아갈 수 없기 때문이다. 광야를 지날 때는 복을 구하지 말고 은혜를 구하라. 광야는 하나님의 은혜로만 살아남을 수 있는 곳이다.

1

암
갈
색

우리

인생에도

잿빛 광야의

시기가

있다

광야에서 만나는 어려움들은
경제적, 사회적, 인간관계적인 면에서
불쑥 나타나 우리를 괴롭힌다.
우리가 만나는 여러 종류의 광야는
가나안에 이를 때까지 계속될 것이고,
우리는 그 광야를 견뎌 내야만 한다.

끝이 보이지 않는 데스 밸리

몇 년 전에 휴가차 사막 지대인 데스 밸리를 거쳐 요세미티 국립공원에 갔었다. 그 사막을 빠져나가는 데 무려 4시간이나 걸렸다. 가는 내내 아내는 매우 힘들어하며 짜증을 냈다. 가도 가도 사막이니까 진력이 난 것이다.

아내는 언제 이 사막이 끝나는지, 다른 길은 없는지 계속 물으며 불평을 해댔다. 운전하는 동안 나에게 그곳은 이름 그대로 "데스 밸리(Death Valley)"였다. 옆에서 잔소리하는 아내 때문에 데스 밸리를 지나는 동안 한 번도 쉬지 못하고 계속 액셀을 밟아야 했다. 그렇게 한참을 달리다 보니 어느 순간 저 앞에 푸른색이 펼쳐지면서 어마어마한 산맥이 눈에 들어왔다. 시에라 네바다 산맥이었다. 드디어 광야를 빠져나온 것이다. 그제야 아내가 안도의 한숨을 내쉬며 잔뜩 찡그린 얼굴을 폈다.

사막을 지나는 4시간 동안 너무 힘들어하는 아내를 보면서 40년 동안 광야를 헤맸던 이스라엘 백성들은 얼마나 힘들었을까 하는 생각을 했다. 아내가 4시간 동안 광야를 지나면서 했던 행동들은 이스라엘 백성들이 40년간 광야에서 지내며 했던 것들과 너무나 똑같았다. 그날 이후, 출애굽기, 민수기, 신명기를 읽을 때마다 아내와 함께 했던 사막 여행이 생각나 더욱 실감이 났다.

누구나 인생의 광야에 들어서게 되면 아내가 던졌던 질문과 똑같은 질문을 하나님께 던지게 된다. 하나님, 왜 나를 이 광야로 들어오게 하셨습니까? 하나님, 돌아가는 길은 없습니까? 꼭 이 광야로 가야만 합니까? 도대체 언제 이 광야가 끝납니까? 얼마나 더 가야 합니까? 제가 이 광야를 벗어나긴 할 수 있는 겁니까?

라스베가스에서 그 아름답고 장엄한 요세미티를 가려면 암갈색으로 이뤄진 죽음의 땅, 사막을 통과해야 한다. 그런데 요세미티는 가고 싶은데, 사막은 지나가기 싫은 것이다. 이스라엘 백성들도 마찬가지였다. 가나안에는 들어가고 싶은데 광야는 통과하고 싶지 않았다. 그러나 가나안에 들어가려면 반드시 광야를 통과해야만 한다. 그것이 하나님의 방식이다.

출애굽기, 민수기, 신명기를 색깔로 나타낸다면 어떤 색일까? 암갈색이다. 광야가 배경이기 때문이다. 출애굽기에서 민수기, 신명기로 가면서 점점 더 진한 암갈색으로 변하게 된다. 더 깊고 더 넓은 광야가 펼쳐진다. 황량하고 거칠기만 한 광야. 삭막한 광야.

가도 가도 끝이 없는 광야. 살아 있는 것이라고는 찾아볼 수 없는 죽음의 광야. 그것이 출애굽기와 민수기, 신명기의 무대이다. 이스라엘 민족은 가나안에 들어가기까지 40년간 이러한 광야에서 살아야 했다. 그들은 아침에 눈을 뜨고 밤에 눈을 감을 때까지 암갈색과 마주해야 했다. 다른 색깔은 구경할 수가 없었다.

이스라엘이 40년간의 광야생활을 마치고 가나안에 들어가서야 비로소 볼 수 있었던 빛깔이 있다. 그것은 바로 푸른색이다. 이 푸른 색깔은 신명기가 끝나고 이스라엘 백성이 가나안에 들어가게 되는 여호수아서에 가서야 서서히 나타나기 시작한다. 가나안에 들어가니까, 산도 푸르고, 들판도 푸르고, 목장도 푸르고, 강도 푸르고, 호수도 푸르고, 온통 푸른 것 천지였다. '세상에 이런 세상도 다 있구나!' 그들은 푸른색을 보며 감탄해 마지 않았을 것이다

인생을 살다 보면 광야를 지날 때도 있고, 가나안에서 살 때도 있다. 모든 것이 감사하고, 기쁘고, 즐거울 때, 세상이 온통 환하고 밝게만 보일 때는 가나안의 푸른 시기이다. 그러나 항상 그럴 수만은 없는 것이 우리 인생 아닌가! 때로는 생각한 대로, 계획한 대로 일이 잘 풀리지 않을 때가 있다. 무슨 일을 해도 꼬이는 상황에 처하면 정말 하나님이 계신가 하는 의심이 들기도 한다. 그리고 하나님을 원망하게 된다. 그럴 때는 온통 사방이 암갈색으로만 보이는 광야의 시기가 된다.

계속 지나야 할 광야의 시기

인생을 살다보면 누구나 한번 쯤 광야를 경험하게 된다. 가정 문제 때문에, 자녀 문제 때문에, 건강 문제 때문에, 또 사업이나 직장 문제 때문에 인생의 광야를 경험할 때가 있는 것이다. 다들 가나안에서 행복하게 잘 사는 것 같은데, 나만 광야에 있는 것처럼 느껴지는가? 그렇지 않다. 나만 어렵고 힘든 것이 아니다. 나만 시련과 고통을 당하고 있는 것이 아니다. 누구나 다 나름의 광야를 겪고 있다. 누구에게나 문제가 있고, 어려움이 있고, 시련과 고통이 있다. 모세도 애굽에서 도망쳐 나와 40년간 광야생활을 하지 않았는가? 다윗도 사울에게 쫓겨 13년간 광야생활을 해야만 했다.

베두인만 광야에서 사는 것이 아니다. 우리도 나름대로 광야를 살아가고 있는 것이다. 우리가 살아가면서 경험하게 되는 실패나 이별, 배신, 가난, 외로움, 두려움, 우울증 같은 이 모든 것이 다 우리가 살아가면서 통과해야 하는 광야들이다. 이 광야를 지나는데 얼마나 걸릴지는 아무도 모른다. 속히 빠져나가기를 바라지만, 그렇지 못 할 수도 있다.

출애굽기에서 시작한 엑소도스(Exodos)의 여정이 레위기, 민수기, 신명기를 거쳐, 여호수아서에 가서야 완성되는 것처럼, 우리의 광야도 결국엔 끝이 있고, 그 종착지가 가나안이라는 희망을 품고 발걸음을 내딛어야 하는 것이다.

이스라엘 백성들이 광야를 지날 때는 큰 광야와 작은 광야를 다양하게 지났다. 예를 들어 시내 광야는 큰 광야이고, 큰 광야 속에는 작은 광야들이 많다. 이스라엘 백성들이 수르 광야를 지날 때는 물이 떨어졌다. 마라에서 물을 발견하여 들이켰지만, 마실 수 없는 쓴물이었다. 신 광야에 이르렀을 때에는 이집트에서 가지고 나온 양식이 다 떨어졌다. 굶어 죽는 상황이 되자 이스라엘 백성들은 이집트에 무덤이 없어 우리를 이 광야까지 데리고 나왔느냐며 원망을 했다. 르비딤 광야를 지날 때는 물이 떨어지자 심령까지 메말라 버려 모세와 하나님을 비난하고 원망하는 소리가 더 심해졌다. 또 아말렉 족속을 만나 전쟁을 치러야만 했다.

이처럼 광야에서 만나는 어려움들은 경제적, 사회적, 인간관계적인 면에서 불쑥 나타나 우리를 괴롭힌다. 우리가 만나는 여러 종류의 광야는 가나안에 이를 때까지 계속될 것이다. 우리는 그 광야를 견뎌 내야만 한다.

2

양

광야에서는

목자의

돌봄이

절실하다

◇◇◇◇◇◇◇

원래 양이라는 짐승은
광야에 산다. 우리는 양과 같다.
우리 삶의 현장은 광야이다.
그 광야에는 우리를 인도하시는
목자되신 하나님이 계신다.

◇◇◇◇◇◇◇

푸른 풀밭과 거친 광야

시편 23편 하면 무슨 그림이 떠오르는가? 끝없이 펼쳐진 푸른 풀밭이 있고, 그곳에서 한가롭게 풀을 뜯는 양들이 있고, 옆에는 잔잔한 시내가 흐른다. 정말로 아름다운 한 폭의 그림 같은 모습이다. 그러나 시편 23편을 자세히 들여다보면 푸른 풀밭과 쉴 만한 물가만 있는 것이 아니다.

"자기 이름을 위하여 의의 길로 인도하시는도다"(시 23:3).

"의의 길"이란, 우리가 생각하는 올바른 길이 아니고, 양들이 다니는 길을 말한다. 양들은 하루 종일 가파른 산등성이를 오르내려야 한다. 잘못해서 굴러 떨어지기라도 하면 다치거나 죽는다. 그렇기 때문에 목자는 양들을 안전하게 지키기 위해 지그재그 형태로 나 있는 똑바른 길로 양들을 인도한다.

"내가 사망의 음침한 골짜기로 다닐지라도"(시 23:4).

까마득한 절벽이 나온다. 사망의 음침한 골짜기가 나온다. 대낮인데 음침한 골짜기가 나오는 것이다.

"내 원수의 목전에서 내게 상을 차려 주시고"(시 23:5).

겨우 풀밭에 이르러 풀을 뜯는데, 누군가 양들을 노려보고 있다. 이리나 늑대가 주위를 어슬렁거리는 것이다. 양들은 한시도 마음을 놓을 수가 없다.

"기름을 내 머리에 부으셨으니"(시 23:5).

양들이 하루 종일 꼴을 찾아 험한 산길을 헤매다가 우리로 돌아오면 목자는 양들에게 기름을 발라 준다. 여기저기 찢기고 상처 난 양들을 치료해 주는 것이다.

이쯤 되면 그림이 완전히 달라졌을 것이다. 시편 23편 그림에는 푸른 초장과 잔잔한 물가만 있는 것이 아니라, 험한 산과 가파른 계곡, 사망의 음침한 골짜기와 저 멀리서 호시탐탐 기회를 노리고 있는 맹수들을 함께 그려 넣어야 한다. 뉴질랜드나 대관령 목장에 있는 양들은 생각하면 안 된다. 저 푸른 초원 위에 그림 같은 집을 짓고 사는 양들이 아닌 것이다.

광야에서 키우는 양 떼들

모세는 미디안 광야에서 양을 쳤고, 아브라함은 네게브 사막 경계 지역인 브엘세바에서 양을 쳤다. 다윗 역시 유대 광야의 경계 지역인 베들레헴에서 양을 쳤다.

목동이었던 다윗은 요들송을 부르며 양을 치는 아름다운 스위스의 양치기와는 달랐다. 그는 황량한 광야에서 양을 쳤다. 지금도 이스라엘에 가면 나무 한 포기 자라지 않는 험한 산에서 양을 치는 모습을 볼 수 있다. 특히 여리고에서 예루살렘으로 올라가다 보면 주변 지역이 황량한 유대 광야인데, 지금도 그곳에는 많은 베두인들이 양을 치며 살아가고 있다.

뉴질랜드 같은 나라에서는 끝없이 펼쳐진 대평원에서 양들을 키우기 때문에 이곳저곳으로 옮겨 다닐 필요가 없다. 이 양들은 사망의 음침한 골짜기를 지나지 않는다. 늑대나 이리 때문에 두려워할 필요가 없다. 안전하게 울타리가 쳐져 있기 때문이다. 그러나 시편 23편에 나오는 양들은 그렇지 않다. 이 양들은 척박한 광야에서 사는 양들이다.

"여호와는 나의 목자시니 내게 부족함이 없으리로다"(시 23:1).

이 노래는 끝없이 펼쳐진 초원에서 부르는 노래가 아니라, 황량하고 삭막하기만 한 암갈색 광야에서 부르는 노래이다. 잔잔하고 아름다운 갈릴리 호숫가가 아니라 유대 광야에서 부르는 노래이다. 시편 23편에 나오는 양들은 뜨거운 태양을 피할 그늘 하나 찾기 어려운 광야에서 산다. 때로는 험한 산길을 지나기도 한다. 사망의 음침한 골짜기를 지나기도 한다. 생명의 위협을 당하기도 한다. 상처받고 병들어 치료를 받기도 한다. 길을 잃어버리기도 한다. 하지만 그런 광야에 살면서도 이렇게 노래한다.

"여호와는 나의 목자시니 내게 부족함이 없으리로다 그가 나를 푸른 풀밭에 누이시며 쉴 만한 물가로 인도하시는도다"(시 23:1-2).

양들은 광야에 산다. 그런데 양이 할 수 있는 것은 아무것도 없다. 정말 혼자서 스스로 할 수 있는 것이 하나도 없다. 자기가 먹을 꼴도 찾지 못한다. 길도 잘 못 찾고, 다른 동물들과 맞서 싸우지도 못한다. 심지어 잘 도망가지도 못한다. 스스로 살아갈 수 있는 능력이 하나도 없다. 그래서 동물학자들은 하나님이 만드신 것 가운데 인간이 돌봐주지 않았으면 지구상에서 가장 먼저 사라졌을 피조물로 양을 꼽는다.

양에게는 하나부터 열까지 모든 것이 다 문제다. 그런데 그들은 아무 문제없이 광야에서 잘 살아간다. 어떻게 아무것도 자기 혼자 할 수 없는 양들이 그 험한 광야에서 살아갈 수 있는 것일까?

바로 '목자' 때문이다. 목자만 있으면 모든 문제가 해결된다. 목자가 100퍼센트 다 책임져주기 때문이다. 그렇기 때문에 그들은 광야에 살아도 "여호와는 나의 목자시니 내가 부족함이 없으리로다"라고 고백할 수 있는 것이다.

뉴질랜드에 사는 양들은 광활하게 펼쳐진 초원 위 안전한 울타리 안에서 마음껏 꼴을 뜯어 먹으며 산다. 이리나 늑대의 위협도 없고, 사망의 음침한 골짜기를 통과하지 않아도 된다. 말 그대로 저 푸른 초원 위에 그림 같은 집을 짓고 사는 것이다. 그들에게는 목자가 필요 없다. 목자 없이도 얼마든지 잘 살 수 있기 때문이다. 길 잃어버릴 염려가 없기에 목자의 인도를 받을 필요도 없다. 그들은 이렇게 고백할지도 모른다. "내게 목자가 없어도 부족함이 전혀 없도다."

우리 인생도 마찬가지다. 뉴질랜드의 양처럼 좋은 환경 가운데서 남부러울 것이 없이 살아가는 이들이 있다. 그들에게는 인생이 푸른 초장이고 쉴만한 물가다. 그들의 잔은 항상 차고 넘치며, 그들의 식탁은 항상 기름진 음식들로 가득하다. 그들은 목자가 필요 없다. 다시 말해 하나님이 필요 없다. 하나님의 은혜가 아니어도 잘 살 수 있기 때문이다. 그들은 자기 하고 싶은 대로 마음껏 인생을 누리며 산다. 하나님 없이도 잘 사는 것이다.

그러나 아이러니하게도 뉴질랜드 양들이 두려워하는 것이 한 가지 있다. 어느 날 갑자기 보이지 않던 목자가 나타나는 것이다. 그날은 다 긴장을 한다. 바로 도살장에 끌려가는 날이기 때문이다.

시편 23편의 양들은 저 푸른 초원 위에 그림 같은 집을 짓고 사는 양들이 아니다. 황량한 광야에서 산다. 우리 삶의 현장도 이와 같은 광야이다. 나만 광야에 사는 것이 아니다. 누구나가 다 나름의 광야에서 살아가고 있다. 다른 사람들은 푸른 초장과 쉴만한 물가에서 살고 있는데, 나만 광야에서 살아가는 것이 아닌 것이다. 따라서 우리에겐 목자가 필요하다. 우리의 부족함을 채우시고, 푸른 풀밭 쉴만한 물가로 인도하실 하나님이 필요한 것이다.

"여호와는 나의 목자시니 내게 부족함이 없으리로다
그가 나를 푸른 풀밭에 누이시며
쉴 만한 물가로 인도하시는도다"
                                    (시 23 :1-2).

3

나침반

방향만

정확하면

광야도

두렵지 않다

◇◇◇◇◇◇◇

사막에서는 성공이 목표가 아니다.
정상에 오르는 것이 목표가 아니다.
무사히 빠져나가는 것이 목표다.
살아남는 것이 목표다. 광야에서는
살아남기만 해도 성공한 것이기 때문이다.

◇◇◇◇◇◇◇

중년들이 바라보는 인생

20-30대는 인생이 마치 산에 오르는 것과 같이 보인다. 그들에게는 인생이 확실하다. 노력하면 다 할 수 있을 거라 여긴다. 무엇인가 해내고 말겠다는 의지로 불타올라 정상을 향해 올라간다. 정상에 자신 있게 오를 수 있다고 믿는다. 정상에 서 보겠다는 야망을 갖는다.

그러나 40-50대가 되면 인생이 다르게 보이기 시작한다. 인생은 정상을 향해 오르는 것이 아니라 언제 끝날지 모르는 사막을 지나는 것이라는 사실을 깨닫게 된다. 인생은 무언가를 성취하기 위해 사는 것이 아니라 살아남기 위해 사는 것이라는 사실을 절감하게 된다.

갈수록 사막 한가운데로 들어가고, 더 험한 산을 넘어간다. 사망의 음침한 골짜기를 지나고, 맹수가 우리를 공격하는 수많은 삶의 위기들을 만나게 된다. 쫓기는 삶, 불안한 삶을 산다. 인생의 어두운 밤을 만나기도 하고, 인생의 풍랑을 만나기도 하고, 인생의 깊은 골짜기를 통과하기도 하고, 인생의 광야를 지나기도 한다.

김난도의 ≪아프니까 청춘이다≫(쌤앤파커스)라는 책이 있다. 그러나 청춘만 아픈 것이 아니다. 중년은 더 아프다. 울고 싶어도 소리 내서 울지 못하는 세대가 중년이다. 지는 세대, 자리를 내주고 물러나야 하는 세대, 사라져 가는 세대라는 서글픔이 있다.

송호근의 ≪그들은 소리내 울지 않는다≫(이와우)에는 중년의 서글픔과 뜨거운 눈물에 대한 이야기가 담겨 있다. 서울대 사회학과 교수인 저자는 어느 날 대리운전을 불러서 집에 돌아가는 길에 운전기사와 이런저런 이야기를 나눈다. 운전기사는 송 교수와 나이가 같았는데, 잘 나가던 회사에서 정년퇴직하고 아르바이트로 대리운전을 하고 있었다. 그 후로 두 사람은 친구가 되었고, 이 세대의 중년이 겪는 아픔을 담은 책이 바로 ≪그들은 소리내 울지 않는다≫이다.

40대에 접어든 이들은 이제 막 인생의 광야로 들어가고 있는지도 모른다. 50-60대를 지나는 이들은 지금 끝도 안 보이는 광야를 지나고 있을지도 모른다. 70-80대를 지나는 이들은 그 광야를 거의 다 통과했을지도 모른다. 20-30대 때나 인생이 산에 오르는 것처럼 보이지, 중년에 접어들게 되면 그렇지 않다. 인생은 산에 오르는 것이 아니라 광야를 지나는 것이라는 사실을 깨닫게 된다.

산을 오르는 것 vs 광야를 지나는 것

성공학이나 처세술에 관한 책들은 한결같이 인생을 산에 오르는 것에 비유한다. 지그 지글러의 ≪정상에서 만납시다≫(*See You at the Top*, 산수야)와 같은 책들은 어떻게 하면 정상의 자리에 오를 수 있는지, 어떻게 하면 성공할 수 있는지 그 비결을 알려주고 있다.

그러나 성경은 정상의 자리에 오르는 법은 가르쳐 주지 않는다. 어떻게 광야 길을 무사히 걸어갈 수 있는지, 어떻게 하나님의 약속의 땅 가나안에 들어갈 수 있는지를 이야기한다. 성경에서 말하는 성공은 인생의 정상의 자리에 올라가는 것이 아니라 가나안에 들어가는 것이다. 우리의 목표는 성공하고 출세하는 것이 아니라 가나안 땅에 들어가는 것이다.

인생이 산을 오르는 것이라고 한다면 지금까지 별로 이룬 것이 없는 우리는 실패자이다. 그러나 광야를 무사히 지나는 것이 성공이라면 우리에게는 희망이 있다. 우리 인생은 산을 오르는 것보다는 광야를 지나는 것과 더 많이 닮아 있기 때문이다. 광야는 끝이 보이지 않는다. 얼마나 더 가야 하는지 짐작조차 할 수 없다. 산은 길이라도 있지만, 광야는 길도 보이지 않는다. 그래서 산을 오를 때는 지도가 필요하지만, 광야에서는 나침반이 필요하다. 산은 위로 올라갈수록 전체가 한눈에 들어오지만, 광야는 전체를 가늠할 수 없다. 산은 쉽게 변하지 않으나 광야는 하루가 다르게 변화한다. 오늘 있던 모래 언덕이 내일이면 사라지는 경우가 허다하기 때문이다. 광야를 지날 때는 모든 것이 불확실하다. 그래서 아무리 자신감 넘치는 사람도 자신의 무능력을 절감한다.

산은 오르다가 힘들면 되돌아 내려올 수 있다. 하지만 광야는 돌아갈 수가 없다. 광야를 통과하는 방법은 더 깊숙이 광야로 들어가는 것뿐이다. 산을 오르기 위해서는 로프를 사야 하지만, 광야를 통과하기 위해서는 낙타를 사야 한다.

광야를 무사히 통과하는 것이 성공이다

우리는 지금까지 인생을 산에 오르는 것으로 생각했다. '어떻게 하면 더 높은 산에 오를 수 있을까?', '어떻게 하면 남이 올라가지 않은 산에 올라갈 수 있을까?'를 고민했다. 그런데 사실 인생은 산에 오르는 것보다 광야를 지나는 것과 더 많이 닮았다. 결혼하는 것이 산에 오르는 것이라면, 결혼생활은 광야를 통과하는 것이다. 아이를 낳는 것이 산에 오르는 것이라면, 아이를 키우는 것은 광야를 통과하는 것이다. 직장에 들어가는 것이 산에 오르는 것이라면, 직장생활은 광야를 통과하는 것이다. 이처럼 광야를 지나는 것이 인생인데 많은 사람들이 산에 오르는 것처럼 등산화를 신고 로프를 들고 있다.

인생에서 광야가 더 많이 펼쳐져 있음을 안다면, 사람들은 더 높은 곳을 향해 오르려고 발버둥치지 않을 것이다. 더 빨리 올라가려고 애쓰지도 않을 것이다. 광야인 줄도 모르고 산을 오르는 것처럼 살고 있기에 힘들고 지치고 낙심하는 것이다.

장막에 살고 있다고, 집이 없다고 불평하지 말라. 왜냐하면 우리는 지금 광야를 지나고 있기 때문이다. 모아놓은 것이 없다고, 창고가 비어 있다고 원망하지도 말라. 우리는 지금 광야를 지나고 있기 때문이다. 큰 느티나무 그늘이 없다고 투정해서도 안 된다. 왜냐하면 우리는 광야를 지나고 있기 때문이다. 광야에서는 작은 그늘에도 만족하고 감사해야 한다.

광야에서 필요한 것은 번쩍거리는 황금이 아니라 목마른 갈증을 해갈시켜 줄 생수이다. 그러므로 황금을 팔아서라도 생수를 사야 한다. 생수 한 모금에 감사하고, 일용할 양식이 주어지는 것에 감사해야 한다.

광야에서는 성공이 목표가 아니다. 정상에 오르는 것이 목표가 아니다. 무사히 빠져나가는 것이 목표다. 살아남는 것이 목표다. 광야에서는 살아남기만 해도 성공하는 것이다.

우리가 지금까지 이루어 놓은 일이 없다 할지라도, 목표를 이루지 못했다 할지라도, 정상의 자리에 올라가지 못했다 할지라도 낙심하지 말라. 우리의 목표는 정상에 오르는 것이 아니라, 이 광야를 무사히 통과해서 약속의 땅 가나안에 들어가는 것이다. 광야를 무사히 통과해서 가나안에 들어가면 그것이 바로 성공이다.

광야를 통과하는 방법은
더 깊숙이 광야로 들어가는 것뿐이다.
산을 오르기 위해서는 로프를 사야 하지만,
광야를 통과하기 위해서는 낙타를 사야 한다.

4

베두인

생각을

바꾸면

광야가

즐겁다

◇◇◇◇◇◇◇

베두인들은 환대를 중요시한다.
광야는 혼자서는 살아남기 어려운 곳이기 때문이다.
내가 도와주지 않으면 죽을지도 모른다.
그렇기 때문에 누구든 손님으로 맞아들이고
대접을 하는 것이다.

◇◇◇◇◇◇◇

광야의 삶을 즐기는 사람들

베두인들은 문명을 등지고 평생, 아니 조상 대대로 사막이 좋아 사막에서 사는 사람들이다. 한 베두인에게 물어보았다.

"당신은 이 광야에서 몇 년이나 살았습니까?"

그러자 그가 대답했다.

"700년입니다."

조상 대대로 그 광야에서 살아왔다는 의미이다.

베두인의 삶은 아주 단조롭다. 해가 뜨면 일어나고 해가 지면 잠자리에 든다. 그들은 소유하고 있는 것이 거의 없다. 땅도 없고, 집도 없다. 아무 데나 장막을 치고 산다. 광야이기 때문에 그럴 수 있다. 또 아무 때나 이사를 간다. 아침식사를 하면서 "오늘 우리 이사 갈까?" 하는 이야기가 나오면 당장 짐을 싸서 낙타나 나귀에 싣고 장막 칠 적당한 장소를 찾아 떠난다. 그 정도로 살림살이가 없다.

우리가 누리는 문화적인 혜택을 베두인들은 전혀 누리지 못한다. 세상 문명을 등지고 살기 때문이다. 그러나 그들은 광야를 떠나지 않는다. 베두인들은 사막이 좋아 사막에서 사는 사람들이기 때문이다. 광야가 사라지지 않는 한 베두인도 사라지지 않을 것이다.

그들은 광야에서의 삶을 크게 불편해하지 않는다. 문명 세계를 동경하지도 않는다. 자신들은 그 광야를 떠날 수 없다는 것을 잘 알기 때문이다. 한번은 할머니 베두인에게 물었다.

"도회지로 나가 살고 싶지 않습니까?"

대답은 간단했다.

"도회지로 나가 살면 양을 칠 수 없잖아요."

베두인은 평생을 집도 절도 없이 떠돌면서 살아간다. 유목민이기 때문에 여기저기 풀이 있는 곳을 찾아다니며 사는 것이다. 그래서 그들은 장막을 짓고 산다. 아브라함이 얼마나 거부였는가? 그런데 베두인들처럼 장막을 짓고 살았다. 그도 양을 치는 유목민이었기 때문이다.

이스라엘 정부에서 예루살렘 근처에 베두인들을 위한 아파트를 짓고 무상으로 입주할 수 있도록 한 적이 있었다. 그런데 6개월이 못 되어 한 사람도 남지 않고 다 나갔다고 한다. 광야에서 자유롭게 살던 사람들이 아파트에 들어와 살려고 하니 얼마나 답답했겠는가?

베두인들은 사우디아라비아, 요르단, 이집트의 시나이 반도, 이스라엘의 네게브 광야 근처에 18만 명 정도가 살고 있다. 그들은 국경을 넘어 아무 곳이나 자유롭게 갈 수 있다.

양으로부터 모든 것을 얻는 의식주 문화

그렇다면 베두인들은 광야에서 어떻게 먹고 살아갈까? 광야에서 살아가려면 한 가지 방법밖에 없다. 양을 치는 것이다. 베두인들은 광야에서 양과 염소를 치며 살아간다. 이것이 가능한 것은, 양만 있으면 최소한의 의식주 문제가 해결되기 때문이다.

양을 통해 물이 없는 광야에서 매일 신선한 우유를 공급받을 수 있다. 우유로 요구르트나 치즈를 만들어 먹을 수 있다. 양털로는 옷을 해 입는다. 가죽으로는 장막도 만들고, 물 담는 부대도 만든다. 양이 죽으면 고기를 먹고, 뼈로는 연장을 만든다. 양의 분뇨는 잘 말리면 화력이 좋은 연료감이 될 수 있다. 이렇게 살아가는 데 있어서 필요한 기본적인 모든 것을 양에게서 공급받는다.

이스라엘 백성들이 애굽에서 나올 때, 그들은 수많은 금은보화를 가지고 나왔다. 금은보화 외에 그들이 가지고 나온 것이 또 있었다. 바로 양이다.

"수많은 잡족과 양과 소와 심히 많은 가축이 그들과 함께하였으며"(출 12:38).

이스라엘 백성들이 에돔 땅을 지날 때도 그들은 에돔 왕에게 이렇게 요청을 했다.

> "이스라엘 자손이 이르되 우리가 큰길로만 지나가겠고 우리나 우리 짐승이 당신의 물을 마시면 그 값을 낼 것이라 우리가 도보로 지나갈 뿐인즉 아무 일도 없으리이다"(민 20:19).

에돔 땅은 요르단 남부로서, 유명한 와디 럼과 페트라가 있는 곳이다. 이스라엘 백성들은 곧 가나안에 들어갈 상황이었다. 그런데 그들은 이집트에서 나올 때처럼 수많은 양 떼들을 데리고 이동 중이었다. 광야 40년 동안 계속해서 양을 쳤던 것이다.

이스라엘 백성들은 양을 치면서 광야생활을 했기 때문에 매일 아침 신선한 우유를 마실 수 있었다. 반석에서 터진 물만 먹고 산 것이 아니다. 그들은 치즈도 먹고 양고기도 먹었다. 또한 양의 털로 옷을 해 입고, 양가죽으로 신발을 만들어 신었다. 물론 장막도 양의 가죽과 털로 만들었다. 하나님은 이스라엘 백성들이 광야에서 살아남을 수 있도록 그들로 하여금 수십만 마리의 양을 데리고 나가게 하신 것이다.

베두인의 특이한 풍습

베두인들은 싸움에 능한 전사들이었다. 좋은 말로 전사지 사실
은 약탈자들이었다. 광야에서 살아가려면 약탈자가 될 수밖에 없
었다. 양을 키워서 의식주에 필요한 것들을 공급받는다고 하지만,
곡식이나 채소, 과일은 구경도 못한다. 구할 방법이 없다. 방법은
하나다. 약탈해 오는 것이다.

성경에 베두인이라는 단어는 등장하지 않는다. 그러나 베두인
들 이야기는 많이 나온다. 광야를 배경으로 나오는 이야기들에 등
장하는 사람들은 모두 베두인이라고 생각하면 거의 맞다. 광야에
서 살아가는 사람들은 베두인밖에 없기 때문이다. 한 예를 들어보
자. 이스라엘 백성들이 홍해를 건너 가나안으로 가고 있었을 때
광야에서 아말렉 군대를 만났다. 그들이 바로 베두인이다. 광야에
서 양을 치며 살아가던 사람들이다.

추수 때마다 미디안 족속이 이즈르엘에 쳐들어와 약탈해 갔다.
해마다 이런 일이 반복되었다. 그래서 기드온이 일어나 군대를 모
으고 그들을 쳐부수지 않았는가? 미디안은 오늘날 사우디아라비
아로, 사막 지대이다. 그렇기 때문에 그들이 곡식이나 채소, 과일
을 얻는 유일한 방법은 농사짓는 사람들을 약탈해 가는 것이었다.

베두인의 풍습 가운데 하나는 여자가 낯선 남자와의 접촉을
꺼린다는 것이다. 베두인 여자들은 모두 다 얼굴을 가린다. 뜨거
운 햇빛으로부터 보호하기 위해서뿐만 아니라 다른 사람들에게

얼굴을 드러내지 않기 위해서다.

와디 럼 광야에 처음 갔을 때의 일이다. 한 베두인 할머니가 양을 치고 있어서 차를 멈추고 가까이 다가가 사진을 찍었다. 그런데 예상치 못한 일이 벌어졌다. 우리에게 뭐라고 소리치면서 돌을 던지는 것이었다. 나는 의아하게 생각했다. '베두인들은 낯선 사람을 잘 대접하는 걸로 알고 있는데, 왜 이러지?' 나중에 가서야 낯선 남자가 사진을 찍으려 했기 때문에 그런 반응을 보였다는 사실을 알게 되었다.

성경을 보면 아브라함이 지나가던 낯선 사람들을 강권해서 자기 장막에 모시는 장면이 나온다. 그는 자신이 직접 음식을 준비하며 손님을 극진히 접대했다. 그때 아내 사라는 자기 방에서 나오지 않았다. 보통은 여자가 음식을 준비하는 것이 자연스러운데, 왜 사라는 장막 안에 들어가 있고, 손님이 돌아갈 때도 인사를 하지 않았을까? 그것은 바로 베두인의 풍습 때문이다.

오래 전에 베두인 장막에서 하룻밤 묵었던 적이 있다. 그런데 남자가 처음부터 끝까지 다 우리를 접대했지 여자는 우리와 눈도 맞추지 않았다. 이런 것이 베두인의 풍습이다.

베두인은 혈연 공동체이다. 친척끼리 모여 산다. 결혼도 씨족 안에서 이루어진다. 대개가 사촌끼리 결혼을 한다. 베두인 사회에서 사촌 간의 결혼은 자연스러운 일이다. 이렇게 사촌지간에 결혼을 많이 하다 보니 베두인 사회에서는 이혼이 쉽지 않다.

베두인이 속한 이슬람 문화권에서는 네 명의 아내를 둘 수 있다. 야곱이 네 명의 아내를 두었기 때문이라고 한다. 한번은 카이로에서 만난 택시 기사에게 농담으로 여러 명의 아내를 둘 수 있어서 좋겠다고 했더니 의외의 대답이 돌아왔다. "여자는 한 명도 너무 많습니다."

네 명까지는 아니더라도 두 명의 아내를 두고 사는 베두인들이 많다. 그러다 보니 자녀들도 여럿이다. 한 지붕 아래서 두 아내와 같이 산다고 하는 것이 과연 쉬운 일일까? 그러나 베두인 사회에서는 두 아내가 화목하게 자매처럼 잘 지낸다.

야곱은 라헬을 얻기 위해 7년간 장인의 일을 해주었다. 레아까지 합치면 14년 동안 일을 해주었다. 이것이 베두인의 풍습이다. 유목 사회에서는 여성의 노동력이 큰 비중을 차지하는데, 그러한 노동력 상실의 대가로 사위로부터 결혼지참금을 받는 것이다.

여자는 결혼해서 다른 가문으로 시집을 갔어도 여전히 친정 가문에 속한다. 물론 이혼을 하게 되면 친정으로 돌아간다.

나그네를 환대하는 베두인들

베두인은 환대로 유명한 사람들이다. 나그네나 낯선 사람을 정성껏 대접하는 풍습이 있다. 아마도 낯선 사람에게 가장 잘 대접하는 민족이 베두인일 것이다. 아브라함이 지나가던 낯선 세 사람을 강청해서 지극 정성으로 대접한 것도 그들이 천사였기 때문이 아니다. 그들이 누구인지 전혀 모르는 가운데 그들을 대접한 것이었다. 아브라함이 특별히 믿음의 사람이라서 나그네를 환대한 것이 아니라 대부분의 유목민들은 아브라함처럼 나그네를 환대한다.

모세가 사람을 죽이고 광야로 피했을 때, 우물에서 양들에게 물을 먹이고 있던 이드로의 딸들을 만나게 된다. 그들은 낯선 남자를 보고는 놀라서 집으로 달려가 아버지에게 알렸다. 그러자 이드로가 딸들을 야단친다.

> "너희가 어찌하여 그 사람을 버려두고 왔느냐 그를 청하여 음식을 대접하라"(출 2:20).

베두인들이 환대를 중요시하는 이유가 있다. 광야는 혼자서는 살아남기 어려운 곳이기 때문이다. 내가 도와주지 않으면 죽을지도 모른다. 그렇기 때문에 누구든 손님으로 맞아들이고 대접을 하는 것이다. 또 내가 언제 그 사람과 같은 처지에 놓이게 될지 모르기 때문에 낯선 사람들을 잘 대접하는 것이다.

광야에서는 외로울 수밖에 없다. 가족끼리 살기 때문에 낯선 사람이 오면 반가움이 앞선다. 중국에 인위쩐이라는 한 여인이 있었다. 생면부지의 사람과 결혼하여 사막에서 살게 되었는데, 사람을 한 명도 만나지 못하자 점점 외로워졌다. 그러던 어느 날 저 멀리서 사람이 다가오는 것이 보였다. 반가운 마음에 달려갔지만 그 사람은 말 한마디 없이 그녀를 지나쳐 갔다. 여인은 그의 뒷모습을 멍하니 바라보다가 집에 가서 대야를 가지고 나왔다. 그러고는 지나간 사람의 발자국을 대야로 덮어 놓았다. 그 후로 외로울 때면 그 발자국을 바라보았다고 한다. 얼마나 외로웠으면 그랬겠는가?

베두인은 낯선 사람이 오면 사연도 묻지 않고 무조건 받아들인다. 이름도 성도 묻지 않는다. 또한 일단 손님으로 받아들인 사람은 목숨을 걸고 지켜 준다. 백여 년 전에 터키가 이스라엘 요르단 지역을 다스리고 있었을 때였다. 터키 군인들이 베두인 장막에 죄수가 숨어 있다는 정보를 입수하고 들이닥쳤다. 군인들은 죄수를 내어 놓으라고 협박했지만, 베두인 주인은 자신의 집에 온 손님이므로 내줄 수 없다면서 거절했다. 군인들이 강제로 집을 수색하려 하자 베두인 주인은 총을 꺼내 자신의 말을 쏘아 죽였다. 그리고 이렇게 말했다.

"내가 가장 아끼고 사랑하는 말을 죽였소. 내가 가장 사랑하는 말도 죽인 마당에 내가 못할 일이 무엇이 있겠소. 어디 한번 들어가 보시오."

이것이 유목민들의 환대 문화이다.

베두인들은 차를 즐겨 마신다. 하루 종일 시간만 나면 차를 마신다. 손님이 오면 예외 없이 차를 대접한다. 이유가 무엇일까? 광야에서는 비타민을 공급받을 길이 없다. 농사를 지을 수 없기 때문이다. 그들이 비타민을 공급받을 수 있는 유일한 방법은 차를 마시는 것이다.

그래서 낯선 사람이 방문하면 차부터 대접한다. 앞서 말한 것처럼 남자가 차를 대접하는데 첫 번째 잔은 안전하다는 것을 보여주기 위해 자신이 마신다. 두 번째 잔은 손님에게 맛을 보게 한다. 그리고 세 번째 잔은 가득 부어 손님에게 건넨다. 이렇게 손님을 맞이하면서 세상 돌아가는 이야기를 들으며 외로움을 달랜다. 그들은 쉽게 마음을 열어 누구와도 금세 친해진다. 그래서 대화 문화가 발달되어 있다. 문자나 기록보다는 전승과 구전을 중요시하며, 이야기에 능한 민족이다.

낮에는 하루 종일 양을 치면서 무료한 시간을 지내기 때문에, 저녁이 되면 가족과 이웃들이 함께 모여 모닥불을 피워 놓고 음식을 나누며 이야기꽃을 피우고 밤하늘 아래서 즐겁게 춤을 춘다.

몇 천 년 동안 세상 문명을 등지고 자신만의 고유한 전통과 문화를 고수하며 살아온 베두인들을 보면 성경에 나오는 아브라함, 이삭, 야곱, 요셉, 모세, 다윗과 같은 사람들이 어떤 삶을 살았을지 짐작할 수 있다. 왜냐하면 그들도 베두인들처럼 광야에 장막을 치고 양을 키우며 살았기 때문이다.

베두인은 낯선 사람이 오면
사연도 묻지 않고 무조건 받아들인다.
이름도 성도 묻지 않는다. 일단 손님으로 받아들인
사람은 목숨을 걸고 지켜 준다. 이것이
베두인의 환대 문화이다.

5

수
도
원

더 깊은

광야로

들어가

하나님을

만나라

◇◇◇◇◇◇◇

광야는 풀 한 포기,
나무 한 그루 자라지 않는 곳이다.
밤하늘의 별밖에 보이지 않는 곳이다.
절대 고독과 절대 침묵만이 흐르는 곳이다.
하나님은 자신을 나타나실 장소로
바로 그 광야를 선택하셨다.

◇◇◇◇◇◇◇

광야는 하나님을 만나는 장소이다

"여호와께서 시내 광야 회막에서 모세에게 말씀하여 이르시되"(민 1:1)

여기에서 광야는 '미드바르'이고, 말씀하셨다는 '다바르'이다. 이 두 단어가 비슷한 것을 알 수 있는데, 광야(미드바르)의 어원이 '입(말하다)'이라는 뜻을 가진 다바르이다. 광야와 입이 같은 어족이라니, 흥미롭지 않은가?

민수기 1장 1절에서 하나님이 어디에서 말씀하셨다고 했는가? 시내 광야이다. 광야는 하나님이 말씀하시는 장소이다. 하나님이 시내 산에서 율법을 주셨다. 시내 산은 광야 한가운데 있는 산이다. 하나님은 그 이전에 미디안 광야에서 양을 치고 있던 모세를 찾아가 떨기나무 가운데서 그에게 말씀하셨다.

이스라엘 백성은 40년 동안 광야를 돌며 하나님을 만났다. 광야에서 하나님의 음성을 들었다. 광야에서 하나님의 말씀을 받았다. 그래서 그들에게는 광야가 하나님이 말씀하시는 장소였다. 하나님의 음성을 들으려면 광야로 나가야 한다고 생각했다.

"외치는 자의 소리여 이르되 너희는 광야에서 여호와의 길을 예비하라 사막에서 우리 하나님의 대로를 평탄하게 하라"(사 40:3).

왜 아무도 없는 광야 한복판에서 하나님의 말씀을 외치라는 것인가? 아무리 외쳐도 공허한 메아리만 되어 돌아올 텐데 말이다. 듣는 사람이 아무도 없어도 낙심하지 말고 열심히 외치라는 뜻일까? 고군분투하라는 말일까?

유대인들에게 있어서 예언자가 마땅히 있어야 할 자리는 광야였다. 어떤 예언자가 광야에 있다고 하면 사람들은 그 예언자야말로 진짜 예언자라고 생각했다. '아, 그 예언자가 지금 광야에 있다고? 하나님의 음성을 듣기 위해 광야로 나가 있는 것이구나. 그 예언자야말로 진짜 예언자다. 그렇다면 그가 있는 광야로 나가 그가 하나님께 받은 말씀을 들어야겠구나'라고 여긴 것이다.

세례 요한도 광야에서 외쳤다. 사람들이 그에게서 하나님의 말씀을 들으려고 광야로 몰려들었다. 그가 회개하라고 외치자 사람들이 그에게 세례를 받으며 회개했다. 사람들은 왜 예루살렘 성전의 제사장에게로 가지 않고 광야에 나가 있는 그에게로 몰려들었을까? 그에게서 진짜 살아 있는 하나님의 말씀을 듣기 위해서였다. 예루살렘 신학교가 아니라 광야에서 직접 하나님을 체험하고 하나님의 음성을 들은 사람에게서 살아 있는 하나님의 말씀을 들으려고 광야까지 갔던 것이다.

사람들은 세례 요한이 진짜 예언자라고 믿고, 그를 신뢰했다. 그가 하나님의 음성을 듣기 위해 광야로 나간 모습을 보고 전적으로 신뢰한 것이다. 예루살렘 성전에서 제사장으로서 누릴 수 있는 존귀와 영광을 다 버리고 광야로 나가 낮은 모습으로 살아가는 모습을 보고 그를 진짜 예언자로 신뢰한 것이다.

예언자들이 왜 광야로 나갔는가? 하나님의 음성을 듣기 위해서다. 사람들이 왜 광야로 나갔는가? 예언자들에게 들려주신 하나님의 음성을 듣기 위해서다. 이렇게 광야는 하나님의 음성을 듣는 장소이다. 하나님이 말씀하시는 장소이다. 하나님을 생생하게 체험하는 장소이다.

"디베료 황제가 통치한 지 열다섯 해 곧 본디오 빌라도가 유대의 총독으로, 헤롯이 갈릴리의 분봉 왕으로, 그 동생 빌립이 이두래와 드라고닛 지방의 분봉 왕으로, 루사니아가 아빌레네의 분봉 왕으로, 안나스와 가야바가 대제사장으로 있을 때에 하나님의 말씀이 빈 들에서 사가랴의 아들 요한에게 임한지라"(눅 3:1-2).

　여기에 세례 요한 당시에 전 세계를 움직이던 사람들이 나온다. 황제가 나오고 총독이 나오고 분봉 왕이 나오고 대제사장이 나온다. 그러나 누구에게 하나님의 말씀이 임했는가? 세례 요한에게 임했다. 왜 하나님의 말씀이 그렇게 대단한 사람들에게 임하지 않고 세례 요한에게 임했을까? 다른 사람들은 제사장이 되기 위해 예루살렘 신학교에서 열심히 공부하고 있었지만, 세례 요한은 광야로 나갔다. 하나님을 만나기 위해, 하나님의 살아 있는 음성을 듣기 위해서였다. 세례 요한은 보장된 미래인 제사장의 길을 버리고, 예루살렘 문명 세계를 등지고, 부와 명예와 권세를 버리고, 오직 하나님의 음성을 듣기 위해 광야로 나갔던 것이다. 그때 하나님은 그를 만나 주셨고 그에게 말씀을 주셨다. 그를 주의 길을 예비할 자로 쓰셨다.

　시내 산은 모세가 광야로 피신한 뒤 처음으로 하나님을 만났던 곳이다. 그리고 하나님으로부터 율법을 받은 곳이다. 죽기를 간구했던 엘리야가 하나님의 세미한 음성을 듣고 회복된 곳이기도 하다.

　시내 산은 광야 한복판에 우뚝 서 있는 민둥산이다. 풀 한 포기, 나무 한 그루 자라지 않는 곳이다. 바람소리밖에 들리지 않는 곳이다. 밤하늘의 별밖에 보이지 않는 곳이다. 절대 고독과 절대 침묵만이 흐르는 곳이다. 그곳에서 하나님은 모세에게 나타나시고, 이스라엘 백성들에게 나타나시고, 엘리야에게 나타나셨다. 하나님은 자신이 나타나실 장소로 다른 곳이 아니라 광야를 선택하셨던 것이다.

광야의 수도원

우리는 기도하기 위해 기도원에 간다. 기도원은 산 좋고 물 좋은 곳에 위치하고 있다. 밤새도록 깊은 계곡이나 산골짜기에서 부르짖는 기도 소리가 메아리쳐 울린다. 그러나 이스라엘에는 기도원이나 수도원이 산속에 있지 않다. 모든 수도원들은 광야에 자리 잡고 있다.

"신을 만나려면 사막으로 들어가라"는 금언이 있다. 모세는 호렙 산 근처에서 양을 치다가 하나님을 만났다. 그리고 후에 시내 산에 올라가 하나님 곁에 40일 동안 머물면서 계명을 받고 내려왔다. 이스라엘 백성들도 40년 광야생활을 하면서 그곳에서 하나님을 만났다. 엘리야도 호렙 산에 올라가 하나님의 세미한 음성을 들었다. 세례 요한도 광야에서 하나님의 말씀을 외치며 살았다. 예수님도 40일 동안 광야에 들어가 기도하셨다.

엘리야가 로뎀나무 그늘 아래 누워 죽기를 기도했다. 천사가 그에게 먹을 것을 가져다 주었다. 천사가 기력이 회복된 엘리야에게 호렙 산으로 가서 하나님을 만나라고 지시했다. 엘리야는 호렙 산에 올라가 40일을 머물러 있었다. 성경은 그가 머물러 있던 장소에 대해 이렇게 말하고 있다.

"엘리야가 그곳 굴에 들어가 거기서 머물더니"(왕상 19:9).

"엘리야가 듣고 겉옷으로 얼굴을 가리고 나가 굴 어귀에 서매"(왕상 19:13).

세례 요한은 일찌감치 예루살렘 신학교를 그만두고 광야로 나갔다. 광야로 나가 메뚜기와 석청을 먹고 낙타 가죽옷을 입고 살았다. 그때 그가 지낸 장소도 역시 굴이었을 것이다. 광야에서는 더위와 추위를 피할 수 있는 굴이 안성맞춤의 장소이기 때문이다.

예수님은 광야에서 40일 금식 기도를 하셨다. 예수님이 광야에서 기도하시는 모습을 상상해 보라. 그 뜨거운 광야에서 40일이 아니라 4시간만 기도해도 우리는 쓰러지고 말 것이다. 그런데 예수님은 40일을 기도하셨다. 어떻게 그것이 가능했을까? 우리가 상상하듯이 예수님은 사하라 사막 같은 곳에서 기도하신 것이 아니다. 그런 곳에서는 예수님이라 하더라도 버티실 수가 없었을 것이다. 예수님은 굴에서 기도하셨다.

"광야에서 사십 일을 계시면서 사탄에게 시험을 받으시며 들짐 승과 함께 계시니 천사들이 수종 들더라"(막 1:13).

왜 기도하는 예수님 곁에 들짐승들이 있었던 것일까? 추측하건 대 아마도 광야에 살고 있는 들짐승들이 더위와 추위를 피해 굴 로 들어왔을 것이다. 광야에 사는 들짐승들에게도 굴만큼 편안한 안식처가 없는 것이다. 예수님은 들짐승들에게 둘러싸여 기도하 셨다. 그래서 하나님은 예수님을 들짐승으로부터 보호하시기 위 해 천사들을 보내신 것이다.

예수님이 40일 동안 기도하신 굴속에는 엄청난 영적 전쟁이 벌 어지고 있었다. 기도 굴에는 성령, 사탄, 들짐승, 천사가 다 동원되 었다. 그리고 마침내 예수님의 승리로 끝이 났다. 사탄이 예수님 께 굴복하고 떠나간 것이다.

수도원이 처음 생긴 곳은 광야이다. 선한 사마리아인의 비유처 럼, 예루살렘에서 여리고에 이르는 길은 험하기로 유명하다. 예루 살렘에서 여리고로 내려가다 보면, 와디켈트라는 곳이 있다. 시편 23편에 나오는 "사망의 음침한 골짜기"를 연상시키는 곳인데, 이 스라엘의 그랜드 캐니언이라고도 불리는 아주 험한 절벽이다. 까 마득한 절벽에 1,500년 이상 된 수도원이 하나 서 있다. 조지아 수도원이라는 곳인데, 그 주변에 수많은 동굴들이 있다. 수도사들 이 기도하는 기도 굴이다. 여기서 사람들은 일주일 동안 기도하며 지낸다. 그리고 주일날 수도원에 모여 예배를 드리고 다시 각자의 기도 굴로 돌아간다.

이곳에는 한 번도 기도 굴에서 나오지 않고 기도만 하는 사람도 있다고 한다. 먹을 것을 밧줄에 매달아 바구니에 담아 올려 주는데, 그것을 먹으면서 평생을 기도하며 산다. 그러다가 바구니가 비어 있지 않고 그대로 며칠 동안 매달려 있으면, 수도사가 기도하다가 죽은 것이다.

유대 광야 한가운데는 마르 사바라는 수도원이 있다. 기드론 골짜기의 100미터가 넘는 절벽에 아슬아슬하게 매달려 있는데, 베들레헴 가까운 곳에 자리 잡고 있다. 1,500여 년 전 사바 성인이 기드론 골짜기의 험한 절벽 동굴에 들어가 수도생활을 했다. 그는 5년 동안 굴에서 나오지 않고 기거하면서 수도에 전념했다. 지금도 그가 기도했던 기도 동굴이 남아 있다.

처음에는 그를 따르던 제자들이 모여 동굴에서 수도원을 시작했다. 이 수도원은 그리스 정교회 수도원 가운데 가장 오래된 곳으로, 한때는 300여 명의 수도사들이 모여 수도생활을 했는데 지금은 20여 명만 남아 있다고 한다. 마르 사바 수도원은 다른 곳과는 달리 여자들은 들어갈 수가 없다. 수도사들이 수도생활을 하는 데 지장을 줄 수 있기 때문이다.

사람들이 하나님을 찾아 광야로 들어간 데는 이유가 있다. 광야는 가장 깨끗한 장소이다. 광야는 때 묻지 않은 곳이다. 사람의 손

길이 닿지 않은 곳이다. 문명에 오염되지 않은 곳이다. 광야만큼 자연 그대로 남아 있는 곳도 없다.

광야는 복잡하지 않고 단순하다. 광야에서는 스케줄이 필요 없다. 해가 뜨면 일어나고, 해가 지면 잠을 자면 된다. 광야에는 모든 것이 멈춰 있는 듯하다. 아무것도 움직이는 것이 없다. 광야에서는 바쁠 이유가 하나도 없다. 그래서 광야는 하나님의 음성이 가장 크게 들리고, 하나님을 가장 분명하게 볼 수 있는 곳이다.

우리는 광야로 들어가야 한다. 그곳에서 하나님의 음성을 듣고 하나님을 만나는 경험이 있어야 한다. 가톨릭 신학자 까를로 까레또 《도시의 광야》(분도출판사)라는 책을 통해서 "나날의 생활 속에 광야를 마련하라"고 했다. 또 "당신이 광야로 갈 수 없거든 당신의 생활 속에 광야를 만들라"고 했다. 헨리 나우웬은 광야의 영성을 한마디로 "하나님과 함께, 그리고 그분하고만 혼자 있을 수 있는 시간과 장소를 따로 마련하는 것이라"고 했다. 일상생활 속에서 광야와 같은 장소, 광야에 머무는 것 같은 시간을 마련하라는 것이다. 하나님과의 만남의 장소를 갖고 하나님과의 만남의 시간을 가지라는 것이다. 일상생활 속에서 하나님의 음성을 들을 수 있는 장소와 시간을 마련하라는 것이다. 하나님의 임재를 체험할 수 있는 장소와 시간을 마련하라는 것이다. 광야와 같은 고독의 장소, 침묵의 장소를 마련하라는 것이다.

새벽 기도 시간이 하나님의 임재를 체험하는 광야일 수 있고,

말씀 묵상 시간이 우리의 광야일 수 있으며, 골방이 우리가 하나님을 만나는 광야일 수도 있다. 마음만 먹으면 얼마든지 우리는 하나님의 음성을 듣고 하나님의 임재를 체험하는 광야를 가질 수 있다. 굳이 광야나 수도원에 들어가지 않아도 우리의 삶 한가운데서 광야와 같은 장소와 시간을 가질 수 있다. 일상생활 속에서 하나님의 임재를 체험하고 하나님의 음성을 들을 수 있는 광야를 만들 수 있다.

마음만 먹으면 얼마든지 우리는
하나님의 음성을 듣고 하나님의 임재를 체험하는
광야를 가질 수 있다. 일상생활 속에서
하나님의 임재를 체험하고
하나님의 음성을 들을 수 있는 광야를 만들 수 있다.

6

장
막

베두인에게서

떠남의

미학을

배우라

◇◇◇◇◇◇

베두인들에게 있어서 소유는 큰 의미가 없다.
광야 전체가 내 땅이고, 아무 데서나 살아도
누구 하나 뭐라 하는 사람이 없다. 그렇게 장막을 치고 살다가
양들에게 먹일 꼴이 떨어지면 미련 없이 장막을 거두어
다른 곳으로 이사를 간다.
베두인들은 평생을 그렇게 산다.

◇◇◇◇◇◇

유목민의 장막 문화

아브라함이 장막 문에 앉아 있다가 지나가던 세 나그네를 극진히 대접했다. 그들은 떠나면서 아브라함에게 사라가 잉태하게 될 것이라고 축복해 주었다. 그 이야기를 들은 사라가 속으로 피식 웃었고, 천사인 세 나그네는 사라를 나무랐다. 그 후 정확하게 열 달이 지나 아브라함의 집에서 아이의 울음소리가 요란하게 울려 퍼졌다. 사라가 아들 이삭을 낳은 것이다.

아브라함이 나그네들을 대접하는 동안 사라는 그 앞에 얼씬도 하지 않았다. 아브라함 혼자서 음식을 준비하고 나그네의 시중을 들었다. 사라는 그들이 떠날 때에도 나와서 인사하지 않았다. 그런데 사라는 아브라함과 그들의 대화 소리를 옆방에서 들을 수 있었다. 사라가 나그네와 이야기를 나눈 것도 마주보고 한 것이 아니라 각자의 공간에 따로 있었다. 이렇게 쉽게 이야기를 나눌 수 있었던 것은 아브라함의 집이 장막이었기 때문이다.

"이에 아브람이 장막을 옮겨 헤브론에 있는 마므레 상수리 수
풀에 이르러 거주하며 거기서 여호와를 위하여 제단을 쌓았더
라"(창 13:18).

"이삭이 그곳을 떠나 그랄 골짜기에 장막을 치고 거기 거류하
며"(창 26:17).

"야곱이 밧단아람에서부터 평안히 가나안 땅 세겜 성읍에 이르
러 그 성읍 앞에 장막을 치고"(창 33:18).

아브라함은 거부였지만, 양을 치며 살았기 때문에 집을 짓지 않
고 계속 이동할 수 있는 장막을 치고 살았다. 농경문화와 유목문
화의 가장 큰 차이점은 농경문화는 정착문화이지만, 유목문화는
이동문화라는 것이다. 농사짓는 사람들은 옮겨 다닐 필요가 없다.
한군데 정착해서 집을 짓고 살아간다. 그러나 양을 치는 유목민들
은 아무리 부자라 할지라도 집을 짓고 살 수 없다. 양들이 먹을 풀
을 찾아 늘 이동해야 하기 때문이다.

장막은 양이나 염소의 털로 만든다. 한 번 만들면 보통 20년은 간
다고 한다. 이 장막은 검정색으로 되어 있는데, 햇빛이 비치면 반짝

거린다. 통풍이 잘 되고 비가 와도 잘 젖지 않는다. 더울 때는 늘어나서 바람이 잘 통하고 비가 오거나 추울 때는 오그라들어서 바람이 통하지 않는다. 그래서 여름에는 시원하고 겨울에는 따뜻하다.

장막은 기다란 일자 모양으로 되어 있으며, 안은 염소 모피로 만든 휘장으로 칸막이를 해서 여러 개의 방으로 나뉜다. 벽이 아니라 휘장, 즉 커튼으로 쳐져 있어서 각자 다른 방에 있어도 어떤 이야기도 잘 들린다. 내가 방문했던 베두인의 장막은 한 개의 장막에 네 개의 방이 있었다. 거실과 자녀들이 묵는 방, 주인 내외가 머무는 방이 있었다. 그리고 맨 끝에 있는 방은 양들이 차지하고 있었다. 식구가 늘거나 부자가 되면 기존의 장막에 다른 장막을 이어 새 집을 만든다.

이렇게 베두인들은 어느 한 곳에 정착하지 않고 평생 이동하면서 살기 때문에 누구보다도 인생은 나그네 길이라는 것을 절감한다. 야곱도 이런 고백을 했다.

> "야곱이 바로에게 아뢰되 내 나그네 길의 세월이 백삼십 년이니이다 내 나이가 얼마 못 되니 우리 조상의 나그네 길의 연조에 미치지 못하나 험악한 세월을 보내었나이다"(창 47:9).

야곱은 실제로 나그네와 같은 인생을 살았다. 그는 어느 한 곳에 정착해서 살지 않았다. 브엘세바에서 가족과 함께 어린 시절을 보내고, 청년이 되어서는 외삼촌 라반의 집에서 20년 세월을 보냈다. 그 후에 가나안으로 돌아와서 세겜에 정착해 살다가 베델에 가서 살았다. 늘그막에는 이집트로 이민을 떠난다. 이만 하면 나그네 인생이라 할 만하지 않는가?

그뿐만이 아니다. 야곱은 양을 치면서 살았다. 집에서도 그랬고, 외삼촌 라반의 집에서도 그랬다. 가나안으로 돌아올 때 그는 양과 낙타를 비롯해서 수많은 짐승들을 데리고 왔다. 야곱은 가나안에 돌아온 후에도 계속 양을 치면서 살았다. 끊임없이 이동하면서 살아야 했던 것이다. 베두인들은 양들을 위해 여름 4-5개월 동안 집을 떠나 찬 이슬 맞으면서 하늘을 지붕 삼고, 돌을 베개 삼아 천지사방을 돌아다니며 살아야 한다. 야곱은 평생을 그렇게 살았다. 그러니 그의 입에서 "나그네 길"이라는 말이 나올 수밖에 없는 것이다.

나그네는 항상 떠날 준비를 한다

베두인들에게 있어서 소유는 큰 의미가 없다. 광야 전체가 내 땅이고, 아무 데서나 살아도 누구 하나 뭐라 하는 사람이 없다. 아무 데나 가서 장막 치고 살면 그곳이 내 집이 되는 것이다. 그렇게 장막 치고 살다가 양들에게 먹일 꼴이 떨어지면 미련 없이 장막을 거두어 다른 곳으로 이사를 간다. 베두인들은 평생을 그렇게 살아 간다.

요르단의 와디 럼 광야에서 베두인의 집에 머문 적이 있었다. 주인은 오십 대쯤 되어 보였는데, 평생을 와디 럼 광야에서 살았다고 한다. 언제 이사 갈 거냐고 물으니까 양들에게 먹일 꼴이 다 떨어지면 이사갈 것이라고 했다.

어렸을 때 땅 따먹기 놀이를 했던 기억이 있을 것이다. 시간가는 줄 모르고 놀다가 엄마가 저녁 먹으라고 부르면 열심히 따놓았던 땅을 다 버리고 집으로 달려가곤 했었다.

우리는 각자 나름대로 땅 따먹기 놀이를 하면서 인생을 살아가고 더 많이 차지하기 위해 열심히 일한다. 그러나 인생의 해가 뉘엿뉘엇 저물어 주님께서 우리에게 오라고 하시면 그 동안 따놓은 땅을 다 버리고 가야 한다. 언제 우리를 부르실지 모른다. 부르시면 가야 하는 것이 우리 인생이다.

영화 〈지붕 위의 바이올린〉을 보면 러시아의 아나테브카라는 마을에 살던 유대인들이 하루아침에 집을 떠나라는 명령을 받게 된다. 그들은 집이며 땅이며 다 놓고 떠나게 된다. 정말 필요한 짐만 챙겨서 말이다. 마차 하나에 짐을 싣고 떠나는 주인공 테브예가 이렇게 말한다.

"왜 항상 머리에 모자를 쓰고 있냐고요? 그것은 우리가 늘 떠날 준비를 하고 있기 때문이지요."

나그네는 짐이 없어야 한다

우리는 이사 갈 때마다 버리는 것이 얼마나 많은가? 그런데도 이사 갈 때마다 살림이 늘어나는 것을 볼 수 있다. 그런데 베두인들은 버릴 것도 없고 늘어나는 것도 없다. 최소한의 것만 가지고 살아가기 때문이다. 이사 가기로 결정하고 나면 한 시간 안에 이사 갈 수 있는 사람들이 베두인이다. 그들은 나귀 한 마리씩은 다 가지고 있는데, 베두인들에게 있어서 나귀는 유홀(U-Haul) 트럭과도 같은 역할을 한다.

이스라엘 백성도 광야에서 그렇게 살았다. 그들은 언제 이사 갈지 몰랐다. 하나님이 짐을 싸라고 하시면 짐을 싸야 했고, 짐을 풀라고 하시면 짐을 풀어야 했다. 구름기둥이 움직이면 그들은 짐을 쌌고, 구름기둥이 멈추면 짐을 풀었다.

여행하는 사람들을 보면 여행을 많이 해본 사람인지 초보자인지 금방 알 수 있다. 3박 4일 여행을 가는데도 가방을 두세 개 끌고 가는 사람들은 여행 초보자다. 여행을 많이 해본 사람은 짐이 많지 않다. 짐이 많으면 인생이 힘들어진다. 인생이라는 여행을 즐겁게 하려면 짐을 줄여야 한다.

100년 전에는 우리가 살아가는 데 필요한 것이 200여 가지였다고 한다. 그런데 지금은 3만 가지 이상이 필요하다고 한다. 인생이 그만큼 복잡해진 것이다. 그러나 많이 소유한다고 절대로 더 행복해지는 것이 아니다. 짐을 가볍게 해야 인생이라는 여행이 즐거워진다. 무거운 짐을 홀로 지고 가다 견디다 못해 쓰러지는 인생들이 얼마나 많은가? 나그네는 짐이 많지 않다. 나그네는 모으거나 쌓아두지 않는다. 새가 몸이 너무 무거우면 하늘을 날 수 없듯이 자유롭게 날 수 있으려면 미련 없이 짐을 버릴 수 있어야 한다. 애착을 버리고, 집착을 버려야 한다.

아브라함은 헤브론 사람들에게 아내 사라를 위해 장지를 구입할 때 이렇게 말했다.

> "나는 당신들 중에 나그네요 거류하는 자이니 당신들 중에서 내게 매장할 소유지를 주어 내가 나의 죽은 자를 내 앞에서 내어다가 장사하게 하시오"(창 23:4).

자신을 나그네라고 지칭했다. 그는 실제로 나그네의 삶을 살았다. 하나님은 아브라함에게 가나안 땅을 약속의 땅으로 주셨다. 그러나 그는 땅 한 평 갖고 살지 않았다. 그는 가족들이 묻힐 묘지를 헤브론 사람에게서 돈을 주고 샀다. 야곱도 세겜에 땅을 조금 샀는데, 거기에 요셉이 묻혔다. 이렇게 족장들은 장지를 위해 땅을 샀지, 부의 축적을 위해 땅을 사지 않았다. 그들은 자기들이 묻힐 한 평의 땅이 있는 것으로 만족했다. 그들은 인생이 나그네의 삶임을 알았던 것이다. 더 나은 본향을 바라보며 이 세상에 집을 짓지 않고 하늘 집을 사모했던 것이다.

천국 본향 집을 바라보며 살아가는 사람들은 이 세상에서 비록 장막과 같은 집에 산다고 해도 기죽지 않는다. 히브리서는 아브라함이 천막을 치고 살았던 이유를 다음과 같이 설명하고 있다.

"이 사람들은 다 믿음을 따라 죽었으며 약속을 받지 못하였으되 그것들을 멀리서 보고 환영하며 또 땅에서는 외국인과 나그네임을 증언하였으니 그들이 이같이 말하는 것은 자기들이 본향 찾는 자임을 나타냄이라 그들이 나온 바 본향을 생각하였더라면 돌아갈 기회가 있었으려니와 그들이 이제는 더 나은 본향을 사모하니 곧 하늘에 있는 것이라"(히 11:13-16).

아브라함과 이삭과 야곱은 부자였는데도 이 세상에서 장막을 치고 살았다. 그 이유는 더 좋은 천국 본향을 바라보았기 때문이다. 이 땅에서 99칸짜리 집에 살아도 하늘에 있는 본향 집에 비하면 장막에 불과하다. 이 세상에 있는 우리의 집은 장막이다. 우리에게는 영원한 하나님 나라의 집이 준비되어 있다. 그러므로 하늘에 있는 더 좋은 집을 사모하며 이 세상에서 장막에 살아도 감사하고 만족해야 한다.

나그네의 삶은 자족하는 삶이다

광야에서는 광야만의 생존 법칙이 있다. 하나님이 주시는 것에 만족하며 감사히 먹는 것이다. 비행기를 탔을 때 내가 원하는 음식을 다 먹을 수 없고 기내식에 만족해야 하듯이, 군대 가서 밥을 먹을 때도 주는 대로 만족하며 먹어야 하듯이 광야에서도 마찬가지이다. 광야를 지날 때는 만나와 메추라기만으로도 감사해야 한다.

광야를 지날 때는 옷 한 벌과 신발 한 켤레만으로도 감사해야 한다. 뜨거운 햇볕이 내리쬐는 광야에서는 아무리 비싼 비단 옷도 소용없다. 햇볕을 가리는 가벼운 천만 있다면, 까칠까칠한 모래로부터 발을 지킬 수 있는 신발 한 켤레만 있다면 그것으로 족한줄 알아야 한다.

"사십 년 동안 들에서 기르시되 부족함이 없게 하시므로 그 옷이 해어지지 아니하였고 발이 부르트지 아니하였사오며"(느 9:21).

출애굽을 하면서 하나님은 크고 놀라운 기적들을 행하셨다. 그런데 느헤미야는 옷이 해지지 않고 신발이 닳지 않은 것에 대해 언급하고 있다. 그만큼 광야에서는 옷과 신발이 중요하기 때문이다. 옷이 해지면 일사병에 걸려 쓰러지고 만다. 신발이 닳게 되면 걷지 못해서 죽고 만다. 그러니 옷이 해어지지 않고, 발이 부르트지 않게 하신 하나님의 은혜는 놀라운 것이다.

광야를 지날 때는 금은보화가 없어도 감사해야 한다.

> "네가 먹어서 배불리고 아름다운 집을 짓고 거하게 되며 또 네
> 우양이 번성하며 네 은금이 증식될 때에, 두렵건대 네 마음이
> 교만하여 네 하나님 여호와를 잊어버릴까 하노라 또 두렵건대
> 네가 마음에 이르기를 내 능과 내 손의 힘으로 내가 이 재물을
> 얻었다 할까 하노라 네 하나님 여호와를 기억하라 … 네가 만일
> 네 하나님 여호와를 잊어버리면 … 너희가 정녕히 멸망할 것이
> 라"(신 8:11-14, 18, 19).

가나안에 들어가 살게 될 때에는 배부르게 먹고 살게 될 것이
다. 아름다운 집을 짓고 살게 될 것이다. 그때에는 우양이 번식하
며, 은금이 증식될 것이다. 그러나 광야에서는 배부르게 먹고, 좋
은 집에 살고, 우양이 번식되고, 은금이 증식되는 것을 기대해서
는 안 된다. 광야를 지나고 있는데도 가나안에 살고 있는 것처럼
살려고 한다면 불평 불만만 생길 뿐이다.

황금보다 귀한 생수

광야에서는 황금보다 귀한 것이 생수다. 광야에서는 황금을 팔

아서라도 생수를 사야 한다. 광야를 지나는 사람에게 가장 필요한 것은 황금이 아니라 생수인 것이다. 그런데 광야를 지나면서도 생수를 구하는 사람은 많지 않다.

인생의 광야를 지나고 있는 우리에게 하나님은 황금이 아닌 생수를 주신다. "내게 오는 자는 영원히 목마르지 아니하리라!" 다이아몬드로도 채워질 수 없는 영혼의 갈증을 하나님은 말씀의 생수로, 은혜의 생수로, 성령의 생수로, 시원하게 해갈시켜 주신다.

어떤 사람이 너무 힘들고 괴로워 죽기로 마음먹었다. 죽기 전에 마지막으로 교회에 가서 예배를 드려야겠다고 생각하고는 주일날 교회에 왔다. 그런데 그날 설교를 통해 은혜를 받았다. 하나님이 그를 위로하시고 용기를 주며 필요한 말씀을 주셨던 것이다. 그래서 그는 죽을 생각을 버리고 '열심히 살자! 언젠가는 나도 이 광야를 벗어나 가나안 땅에 들어갈 수 있을 것이다'라고 새롭게 다짐을 했다.

지금까지 우리가 그 어렵고 힘든 광야를 지나오면서 쓰러지지 않고 버틸 수 있었던 것은 하나님께서 주시는 말씀의 생수, 은혜의 생수, 성령의 생수 때문이었다. 앞으로도 하나님은 말씀의 생수, 은혜의 생수, 성령의 생수로 피곤한 우리의 영혼에 생기를 불어넣어 주시고 쓰러지지 않고 이 광야를 통과할 수 있게 해주실 것이다.

광야에서는 곳간을 짓지 말라

광야를 지날 때는 쌓아두지 못한다고 해도 불평해서는 안 된다. 일용할 양식만으로도 감사해야 한다.

광야 40년을 지나는 동안 하나님이 이스라엘 백성들에게 매일 만나를 내려 주셨다. 그런데 매일 아침 일찍 일어나 만나를 모으는 것도 일이어서 며칠 먹을 것을 한꺼번에 모아 놓고 두었다. 그 랬더니 다음 날 만나가 모두 썩어 있었다. 만나는 모아 먹는 양식이 아니었다. 하나님은 이스라엘 백성들에게 일용할 양식만 주셨던 것이다.

광야에서는 부자도 없고 가난한 사람도 없다. 그 누구도 곳간에 쌓아 놓고 사는 사람이 없다. 광야에서는 풍성한 삶을 사는 것이 목표가 아니라 생존이 목표이다. 광야를 지나면서 곳간을 지으려고 해서는 안 된다. 모으지 못한다고 조급해하지 말아야 한다. 광야의 이스라엘 백성들은 모아 놓은 것이 하나도 없었지만, 한 번도 먹을 것이 없어 굶주린 적이 없다. 항상 그날그날 필요한 것을 하나님이 채워주셨기 때문이다.

우리는 많이 쌓아 두어야 안심이 된다. 불확실한 미래를 보장받기 위해서 열심히 모아놓는다. 그러나 내가 믿고 의지하기 위해 물질을 쌓아 놓으면, 하나님이 기뻐하시지 않는다. 우리가 믿고 의지할 것은 은행에 쌓아 놓은 돈이 아니라, 하나님 한 분뿐이시다.

"나의 하나님이 그리스도 예수 안에서 영광 가운데 그 풍성한 대로 너희 모든 쓸 것을 채우시리라"(빌 4:19).

7

오아시스

지독한 갈증이

생수의

참맛을

알게 한다

◇◇◇◇◇◇◇

하나님은 교회를 통해서 말씀의 생수를 부어 주신다.
교회를 통해서 은혜의 생수를 부어 주신다.
교회를 통해서 성령의 생수를 부어 주신다.
다른 어떤 곳에서도 이런 물을 마실 수가 없다.
오직 교회를 통해서만 우리의 영적 갈급함을 채울 수 있다.

◇◇◇◇◇◇◇

광야를 지나는 사람에게 필요한 것

《사막별 여행자》(무사 앗사리드, 문학의 숲)라는 책이 있는데, 이 책의 주인공은 사하라 사막에서 양을 치며 살던 베두인이다. 그는 어렸을 때 프랑스에서 온 사람으로부터 생텍쥐페리의 《어린 왕자》라는 책을 선물로 받게 된다. 그런데 글을 몰라 읽을 수가 없어서 매일 30킬로미터도 더 되는 학교를 오가며 공부를 했다. 그리고 그 책을 읽은 후 《어린 왕자》를 쓴 작가를 만나기 위해 마침내 프랑스로 가게 된다.

이 베두인이 프랑스에 와서 가장 큰 충격을 받은 것은 무엇일까? 그것은 다름 아닌 수도꼭지를 열기만 하면 물이 콸콸 쏟아져 나오는 것이었다. 사막에서는 상상도 하지 못하는 일이었다. 그는 삼촌이 목이 말라 죽어가는 모습을 눈앞에서 지켜보았다. 그런데 수도꼭지만 열면 물이 콸콸 쏟아져 나오니 얼마나 놀랐겠는가?

디즈니 만화 영화 〈이집트 왕자〉를 보면 광야로 도망간 모세가 이드로의 집에 초청을 받아서 십보라와 함께 춤추며 노래를 부르는 장면이 나온다. 그 노래의 서두에 이런 가사가 나온다.

"사막에서는 많은 황금보다 작은 생수가 더 귀하고, 길 잃은 양에게는 왕보다 목자가 더 필요하다."

사막을 지나는 사람에게 필요한 것은 황금이 아니라 생수다. 광야에서는 황금을 팔아서라도 생수를 사야 한다. 그래야 살 수 있다.

사막의 오아시스

이스라엘 백성들이 광야를 지날 때 하나님이 매일 기적을 통해 만나와 메추라기를 내려 주셨다. 그런데 물 문제는 어떻게 해결해 주셨는지에 대해서는 성경에 별 언급이 없다. 한두 번 반석을 쳐서 물이 터져 나오게 하신 일 외에는 없다. 그렇다면 물 문제를 어떻게 해결해 주셨을까?

사막에는 우리가 잘 알듯이 오아시스가 있다. 이스라엘 백성들이 지나온 시내 광야에는 450여 개의 오아시스가 있다고 한다. 출애굽기와 민수기를 보면 이스라엘 백성들이 광야를 지나다가 들렀던 곳들이 있는데, 그곳이 다 오아시스라고 생각하면 된다. 출애굽기에 '엘림'이라는 곳이 나온다. 그곳에는 종려나무 70그루와 12개의 샘이 있었다(출 15:27). 이런 곳이 오아시스다. 이런 오아시스가 있었기 때문에 이스라엘 백성이 광야에서 40년간 살아남을 수 있었던 것이다.

모세가 사람을 죽이고 광야로 몸을 피했을 때, 우물가에서 한 여인을 만난다. 미디안 제사장 이드로의 딸 십보라였다. 십보라는 우물에서 양들에게 물을 먹이고 있었다. 그 우물이 바로 사막 한 가운데 있는 오아시스였던 것이다.

여리고는 종려나무의 성읍이라는 별명을 가졌는데(신 34:3; 대하 28:15), 이곳도 대표적인 오아시스이다. 여리고는 광야 한가운데 위치하고 있으며, 인류 역사상 가장 먼저 사람들이 성을 쌓고 살았던 도시로 유명하다. 어떻게 광야 한 가운데 그런 도시가 생길 수 있었을까? 오아시스가 있었기 때문이다. 성경에도 여리고에 있던 샘 이야기가 나온다(왕하 2:19-22).

다윗이 왕으로 기름부음을 받은 후, 사울을 피해 광야로 숨어들어가 13년 동안이나 쫓겨 다녔다. 그가 버틸 수 있었던 것은 광야에 오아시스가 있었기 때문이다. 다윗이 숨어 지낸 엔게디에 가면 지금도 광야 한가운데서 폭포가 시원하게 떨어지는 것을 볼 수 있다. 엔게디 근처에 있는 굴속에 숨어 살던 다윗은 그 폭포에 내려와 물도 마시고 수영도 했을 것이다(삼상 23:29-24:2).

사막이 아름다운 것은 어딘가에 오아시스가 감추어져 있기 때문이다. 대상들이 사막을 통과할 수 있는 것은 중간 중간에 오아시스가 있기 때문이다. 하나님이 광야와 같은 삶을 살아가는 우리에게 오아시스로 주신 것이 세 가지가 있다. 예수님과 교회, 그리고 주일(안식일)이다.

영원히 목마르지 않는 생수를 주시는 예수님

예수님이 물을 길러 나온 사마리아 여인에게 이렇게 말씀하셨다.

> "내가 주는 물을 마시는 자는 영원히 목마르지 아니하리니 내가 주는 물은 그 속에서 영생하도록 솟아나는 샘물이 되리라"(요 4:14).

또한 예수님은 장막절에 예루살렘 한복판을 다니시면서 이렇게 외치셨다.

> "누구든지 목마르거든 내게로 와서 마시라 나를 믿는 자는 성경에 이름과 같이 그 배에서 생수의 강이 흘러나오리라 하시니"(요 7:37-38).

이스라엘은 물이 귀하다. 지형 상 샘물이 거의 없다. 그래서 웅덩이를 파놓고 거기에 고인 물을 먹을 수밖에 없었다. 유대인들에게는 생수를 마시는 일이 결코 쉬운 일이 아니었다. 예레미야

서를 보면 이스라엘 백성들이 두 가지 죄악을 저질렀다고 책망하고 있다.

> "내 백성이 두 가지 악을 행하였나니 곧 그들이 생수의 근원되는 나를 버린 것과 스스로 웅덩이를 판 것인데 그것은 그 물을 가두지 못할 터진 웅덩이들이니라"(렘 2:13).

세상의 우물에서 길어 올린 물은 마시고 마시고 또 마셔도 우리의 목마름을 시원하게 해줄 수 없다. 오직 주님이 주시는 물을 마시는 자만이 영혼의 참 만족과 시원함을 맛볼 수 있다. 하나님께 나아와 우리의 메마른 영혼을 적셔 주고, 갈증을 풀어 주고, 영원히 목마르지 않는 생수를 마셔야 한다.

구원의 우물이 있는 교회

에스겔은 환상을 통해 사막이 오아시스로 변하는 모습을 보았다. 성전 문지방에서부터 흘러나오는 물이 성전을 돌아 나와 퍼져 나가면서 점점 불어나 강을 이룬다. 그 강물이 광야 한가운데를 지나면서 광야에 숲이 우거지고, 나무에 열매가 맺힌다. 죽었던 광야가 살아나는 것이다. 사막이 오아시스로 변하는 것이다. 그 물이 흐르고 흘러서 사해로 간다. 그리고 죽었던 바다가 살아나게 된다.

이처럼 교회는 생수의 강이 흘러나오는 곳이다. 그 생수가 흘러가는 곳마다 역사가 일어난다. 죽었던 광야, 죽었던 바다가 살아났던 것처럼 사막과 같은 우리의 심령과 가정, 우리의 삶에 말씀의 생수, 은혜의 생수, 성령의 생수가 흘러들어 오게 되면 오아시스로 변하게 된다.

예수님과 사마리아 여인이 우물가에서 만났다. 그 여인은 예수님을 통해 생수를 마셨다. 마찬가지로 우리는 교회에 오면 예수님을 만날 수 있다. 그리고 예수님이 주시는 생수를 마실 수 있다. 지금도 세겜에 가면 예수님과 사마리아 여인이 만났던 야곱의 우물이 있다. 그 우물에서는 아직도 생수가 솟아난다. 몇 십 미터 되는 깊은 우물에 두레박을 한참 내렸다가 다시 올리면 생수가 길러진다.

야곱의 우물 위에는 기념 교회가 세워져 있다. 야곱의 우물에서 생수를 마시려면 교회 안으로 들어가야 한다. 우리나라에도 영락 교회나 새문안 교회, 승동 교회와 같이 오래된 교회 마당에는 우물이 있었다고 한다. 그 우물에서 교인들도 물을 길어 마셨을 것이고, 동네 사람들도 그 우물에 와서 물을 길어 갔을 것이다. 그렇다. 교회는 우물과 같은 곳이다. 생수가 흘러나오는 곳이 교회이다. 구원의 우물에 와서 믿음의 두레박으로 생수를 퍼 마시는 곳이 교회이다.

"그러므로 너희가 기쁨으로 구원의 우물들에서 물을 길으리로 다"(사 12:3).

선교사들이 어느 마을에 들어가면 가장 먼저 하는 일은 우물을 파는 것이다. 우물을 만든 다음 그 위에 누각을 세워 교회를 만든다. 그러면 동네사람들이 물을 얻기 위해 교회 안으로 들어오게 된다. 그리고 마침내는 마당에서 물을 길어 가던 이들이 교회 안에 들어와서 강단에서 흘러나오는 생수를 마시게 되는 것이다.

하나님은 교회를 통해서 말씀의 생수를 부어 주신다. 교회를 통해서 은혜의 생수를 부어 주신다. 교회를 통해서 성령의 생수를 부어 주신다. 다른 어떤 곳에서도 이런 물을 마실 수가 없다. 오직 교회를 통해서만 우리의 영적 갈급함을 채울 수 있다.

한 주간의 오아시스가 되는 주일

주일은 시간의 오아시스라 할 수 있을 것이다. 우리는 주일날 교회에 와서 예수님을 통해 말씀의 생수, 은혜의 생수, 성령의 생수를 마시고 새 힘을 얻는다. 그리고 다시 광야와 같은 세상으로 돌아가 월요일부터 토요일까지 힘차게 살아간다. 주일날 교회에 와서 예수님을 통해 받은 은혜로 광야와 같은 세상에서 쓰러지지 않고 한 주간을 살아갈 수 있는 것이다.

그런데 주일을 지키지 않는 사람들이 있다. 그들은 오아시스에 들렀다 갈 만큼 마음의 여유가 없다. 빨리 사막을 벗어나기 위해 주일날도 열심히 달린다. 그러나 서두른다고 빨리 광야를 벗어날 수 있는 것이 아니다.

광야에서 살아남기 위해서는 지켜야 할 수칙이 있다. 그것은 반드시 오아시스를 만날 때마다 들렀다 가야 한다는 것이다. 지금 괜찮다고 그냥 지나치면 얼마 가지 못해서 쓰러지고 만다. 그럼 다시는 일어나지 못하게 된다. 오아시스에 들려서 충분히 생수를 마시고 쉬었다 가는 사람이 더 빨리 광야를 벗어날 수 있다.

교회에 와서 예수님을 통해 생수를 마시는 사람은 결코 광야와 같은 세상에서 쓰러지지 않을 것이다. 광야를 무사히 통과해서 가나안에 들어가게 될 것이다.

광야를 지나는 사람들의 최종 목적지는 다르다고 하더라도, 다음 목적지는 똑같다고 한다. 누구나 다음 오아시스를 향해 가고 있는 것이다. 그들의 머릿속에는 한 가지 생각밖에 없다. 빨리 다음 오아시스로 가는 것이다. 오아시스가 가까워 올수록 그들의 가슴은 뛸 것이다. 힘이 솟을 것이다. 발걸음이 가벼워질 것이다. 우리에게 교회가 오아시스라면, 주일이 오아시스라면, 교회 가는 날이 기다려질 것이다. 주일이 기다려질 것이다. 아이들이 소풍 가는 날을 기다리듯이 그렇게 교회 가는 날을 기다리게 될 것이다.

오아시스는 반드시 들러야 한다

사막에는 길이 없는 것 같지만 사막에도 길이 있다. 사막의 지도를 보면 거미줄처럼 길들이 연결되어 있다. 그런데 지름길로 나 있지 않고 왜 돌아가게 되어 있는 것일까? 오아시스를 들렀다 가도록 길이 나 있기 때문이다. 사막의 길은 오아시스와 오아시스를 연결하는 길이다. 어디를 가든 오아시스를 들렀다 가야 사막을 무사히 빠져나갈 수 있다.

오아시스에 들렀다 가는 사람은 무사히 광야를 통과해서 가나안 땅에 들어가지만, 그렇지 않은 사람들은 광야에 무덤을 만들게 된다. 광야를 지날 때는 서둘러서는 안 된다. 더 빨리 목적지에 도달하겠다고 마음을 조급하게 먹어서도 안 된다. 하나님도 이스라엘 백성들을 가나안 땅으로 데리고 가실 때 광야를 지나면서 오아시스에서 충분히 쉬게 하셨다.

우리는 지금 인생의 광야를 지나고 있다. 광야를 건너는 일에만 몰두하다가 오아시스를 지나쳐서는 안 된다. 광야는 계속 이어진다. 서두른다고 해서 빨리 지날 수 있는 것이 아니다. 오아시스를 더 많이 들르는 사람이, 오아시스에 더 오래 머무는 사람이 더 빨리 광야를 통과할 수 있다. 우리 모두 인생의 오아시스가 되는 교

회에 와서 예수님을 통해 생수를 받아 마셔야만 한다. 그래야 쓰
러지지 않고 우리 앞에 놓인 인생의 광야를 무사히 통과할 수 있
을 것이다.

교회에 와서 예수님을 통해
생수를 마시는 사람은 결코 광야와 같은 세상에서
쓰러지지 않을 것이다. 광야를 무사히 통과해서
가나안에 들어가게 될 것이다.

그늘

광야에서는

로뎀나무

그늘이라도

찾아가야

한다

◇◇◇◇◇◇

교회는 광야 같은 인생을 살아가는 이들에게
그늘이 되어 주는 곳이다. 지나가는 나그네들이
아브라함이 심어 놓은 에셀나무 아래서 쉬었듯이,
엘리야처럼 지친 영혼들이 와서 쉼을 얻고
회복하게 해 주는 로뎀나무와 같은 곳이 바로 교회다.

◇◇◇◇◇◇

뜨거운 광야에서 살아남는 법

누구나 광야에 나가면 맨 처음 하는 일이 있다. 햇볕을 피해 그늘을 찾아가는 것이다. 양들도 한낮에는 그늘을 찾아가 쉰다. 소들도 마찬가지다. 모든 동물이 큰 나무의 그늘을 찾아간다. 그러나 광야에서는 나무를 찾기가 힘들다. 겨우 찾을 수 있는 것이라고는 자그마한 키의 덤불에 가까운 로뎀나무 같은 것들뿐이다. 그러면 어디에 가야 제대로 된 그늘을 찾을 수 있을까?

예수님은 광야에서 40일 동안 기도하셨다. 그때 해가 쨍쨍 내리쬐는 광야 한가운데서 기도하셨을까? 그런 곳에서는 한 시간도 기도하지 못한다. 일사병에 걸려 쓰러지고 말 것이다. 예수님은 낮에는 햇볕을 피할 수 있고, 밤에는 이슬을 피할 수 있는 곳을 찾아가 기도하셨다. 그곳이 어디일까? 굴이다. 들짐승들도 낮의 해와 밤의 이슬을 피해 굴속에 숨는다. 굴에서 기도하시는 예수님을 들짐승들이 해하지 못하도록 천사들이 수종 들었다고 성경은 말한다(막 1:13).

엘리야는 호렙 산에 올라가 기도하면서 하나님의 음성을 기다렸다. 그때 그가 지냈던 곳도 굴이다(왕상 19:9). 굴이 없었다면 엘리야는 견디지 못했을 것이다. 사울에게 쫓기던 다윗이 숨어 산 곳도 역시 굴이다(삼상 24:3). 광야에서 낮의 더위와 밤의 추위를 피할 수 있는 유일한 곳이 바로 굴이기 때문이다.

요나는 니느웨에 올라가 40일 후에 하나님이 니느웨 성을 멸망시키실 것이라고 외쳤다. 만약 요나에게 '하나님 아버지의 마음'이 있었다면 40일 내내 "회개하라!"고 외쳤을 것이다. 그러나 그는 하루만 외치고는 니느웨 성이 멸망당하는지 지켜보려고 성이 한눈에 내려다보이는 곳으로 올라갔다. 하나님이 그런 요나를 위해 준비하신 것이 있었다. 박 넝쿨과 벌레와 뜨거운 바람이었다.

> "하나님 여호와께서 박 넝쿨을 예비하사 요나를 가리게 하셨으니 이는 그의 머리를 위하여 그늘이 지게 하며 그의 괴로움을 면하게 하려 하심이었더라"(욘 4:6).

박 넝쿨이 자라서 그늘을 만들어 주자 요나는 기분이 좋아졌다. 이내 벌레가 나타나 박 넝쿨을 갉아먹자 요나는 짜증을 냈다. 설

상가상 뜨거운 바람이 불어와 박 넝쿨을 다 말려 버리자 그는 하나님께 화를 냈다.

"하나님, 어떻게 저에게 이러실 수 있단 말입니까? 차라리 죽여 주십시오."

아니, 그늘을 만들어 주던 박 넝쿨이 말라 버린 것이 그렇게 화를 낼 일인가? 그러나 요나의 상황을 살펴보면 그의 반응이 이해가 된다.

"해는 요나의 머리에 쪼이매 요나가 혼미하여 스스로 죽기를 구하여"(욘 4:8).

요나가 제정신이 아니라서 죽기를 구한 것이 아니다. 햇볕이 너무 뜨거워 요나의 머리가 혼미해진 것이다. 그래서 차라리 죽게 해 달라고 했다. 니느웨는 이라크의 북쪽에 자리 잡은 곳이다. 이라크는 사막이다. 얼마나 햇볕이 뜨거웠으면 머리가 혼미해질 정도였겠는가? 사막이 바로 그런 곳이다. 그늘이 없으면 쓰러질 수밖에 없는 곳이 사막이다.

그런데 어떻게 이스라엘 백성들은 나무 한 그루 없는 광야 길을 40년이나 지나갈 수 있었을까? 구름기둥 덕분이다. 광야에서는 낮에는 더워서 걷는 것이 거의 불가능하다. 그래서 해가 없는 아침 일찍이나 저녁, 또는 밤에 걸어야 한다. 그런데 하나님이 이스라엘 백성들이 낮에도 행군할 수 있도록 구름기둥을 보내 주신 것이다. 뜨거운 햇볕을 막아 그늘을 만들기 위해 구름기둥을 보내신 것이다.

"내가 산을 향하여 눈을 들리라 나의 도움이 어디서 올까 나의 도움은 천지를 지으신 여호와에게서로다"(시 121:1-2)로 시작되는 시편 121편의 무대는 광야다. 순례자들이 광야를 통과해 예루살렘 성전으로 올라가면서 부르는 노래다.

"여호와는 너를 지키시는 이시라 여호와께서 네 오른쪽에서 네 그늘이 되시나니 낮의 해가 너를 상하게 하지 아니하며 밤의 달도 너를 해치지 아니하리로다"(시 121:5-6).

하나님이 오른편에서 그늘이 되어 주신다고 말한다. 성경에서는 앞쪽이 동쪽이고, 뒤쪽이 서쪽이다. 왼쪽이 북쪽이고 오른쪽이 남쪽이다. 오른쪽에서 그늘이 되어 주신다는 말씀을 풀어 보면 이렇다. 해가 지금 정남쪽에 떠 있다. 정오의 이글거리는 태양을 생각하면 된다. 지금 순례자들은 광야를 지나 예루살렘을 향해 올라가고 있다. 한낮의 뜨거운 태양이 하늘 위에서 이글거리고 있다. 뜨거운 햇볕을 피할 데가 없다. 나무 그늘이 없다. 쉬어 갈 샘이 없다. 마실 물도, 피할 그늘도 없는 것이다. 황량한 광야뿐이다.

한편 광야는 밤이 되면 기온이 뚝 떨어진다. 낮에는 더위가 생명을 위협하고, 밤에는 추위가 생명을 위협한다. 순례자들은 지금 그런 광야를 지나고 있다. 그러나 그들은 이렇게 고백한다.

"하나님이 낮에는 구름기둥으로 우리의 그늘이 되어 주셔서 무사히 광야를 지나게 하시고, 밤에는 우리의 불기둥이 되어 주셔서 추위로부터 우리를 지켜 주신다. 하나님이 우리로 하여금 무사히 광야를 지나 예루살렘 성전에 올라가게 도와주신다."

광야를 지날 때 우리를 가장 위협하는 것은 뜨거운 태양이다. 그러나 하나님이 우리의 그늘이 되어 주신다. 구름기둥으로 낮의 해로부터 지켜 주시고, 불기둥으로 밤의 추위로부터 지켜 주신다. 그래서 우리는 무사히 광야를 통과할 수 있다.

영적 광야로 내몰릴 때

엘리야는 갈멜 산에서 있었던 바알 선지자들과의 대결에서 대승을 거두었다. 이 소식을 전해 들은 이세벨 왕비가 엘리야를 죽이겠다고 쫓아왔다. 엘리야는 축배를 들기도 전에 삼십육계 줄행랑을 쳐야 했다. 밤새도록 도망가서 브엘세바에 도달한 그는 그곳에 시종을 남겨 두고 자신은 광야로 들어가 숨었다.

로뎀나무를 실제로 본 사람은 거의 없을 것이다. 그럼에도 로뎀나무는 우리에게 잘 알려져 있고 매우 친숙하다. 엘리야 때문이다. 엘리야가 바로 이 나무 아래 앉아서 하나님께 죽게 해 달라고 기도하지 않았는가?

로뎀나무 아래 누워 있는 엘리야를 그림으로 그려 보라. 엘리야가 누워 있던 로뎀나무는 느티나무 같은 나무가 아니다. 느티나무 아래 정자에 누워 쉬고 있는 엘리야를 상상해서는 안 된다. 로뎀나무는 빗자루같이 뻗어 있어서 그늘이 거의 만들어지지 않는다. 나무라고 할 수도 없는 나무다. 관목이다. 생각해 보라. 광야에 느티나무 같은 나무가 어디 있겠는가? 광야에 그늘을 만들어 줄 만한 나무가 어디 있겠는가?

엘리야가 광야로 들어가서 맨 처음 한 일은 그늘을 찾아가는 일이었다. 누구나 광야로 들어가면 그늘부터 찾는다. 그러나 그늘을 만들어 줄 만한 나무는 광야에 없다. 엘리야는 할 수 없이 로뎀나무 아래 누웠다. 로뎀나무 아래에서 하루 종일 작은 그늘을 따라 움직여야 했을 것이다.

실제로 로뎀나무는 보잘것없다. 커 봤자 1미터 정도다. 그늘도 별로 만들어 주지 못한다. 그렇지만 광야를 지날 때는 로뎀나무 그늘이라도 찾아가야 한다. 느티나무 그늘과는 비교도 안 되는 작은 그늘이라 할지라도 감사해야 한다. 로뎀나무 아래라도 쉬었다 가야 한다. 만약 엘리야에게 로뎀나무마저 없었다면 아마도 그는 탈진해서 쓰러져 죽고 말았을 것이다.

신앙생활을 하다 보면 하나님이 가깝게 느껴지고, 기도 응답을 받고, 은혜가 충만할 때가 있다. 하나님의 사랑을 생각하면 가슴이 뛰고, 믿지 않는 사람들을 만나면 가슴이 미어지는 것 같고, 교인들을 만나면 기쁨이 가득해 "할렐루야!"를 외치게 된다.

그러다가 하나님이 안 보일 때가 있다. 하나님이 이해되지 않을 때가 있다. 하나님이 너무 멀리 계신 것처럼 느껴질 때가 있다. 하나님이 왜 이런 고통을 주시는지, 왜 내 기도에 응답해 주시지 않는지 답답하고 낙심될 때가 있다. 엘리야가 로뎀나무 그늘 아래 누워서 죽고 싶다고 한탄했던 것처럼 하소연하고 싶을 때가 있다. "제 처지가 이게 뭡니까? 제가 뭘 잘못했다고 이런 일을 당해야 합니까? 열심히 기도하고 헌신하며 신앙생활을 한 대가가 이런 겁니까?"

테레사 수녀는 1979년 9월, 한 신부에게 보낸 편지에서 이렇게 고백했다.

"하나님은 당신을 매우 특별히 사랑하십니다. (그러나) 나에게는 그 침묵과 공허가 너무 큽니다. 나는 보려 해도 볼 수 없고, 들으려 해도 들리지 않으며, (기도할 동안) 혀를 움직이려고 해도 말할 수 없습니다. 당신이 나를 위해 기도해 주시길 원합니다."

테레사 수녀는 "미소는 모든 것을 감추는 가면이거나 외투"라고 썼다. 1953년 편지에서는 "마치 모든 것이 죽은 것처럼 내 안에 너무나 끔찍한 어둠이 있다"고 했고, "내 영혼에 왜 이렇게 많은 고통과 어둠이 있는지 이야기해 달라"고 적었다.

성자들이라고 100퍼센트 확신 속에서 조금도 흔들림 없이 언제나 감사와 기쁨이 넘치는 삶을 살 수는 없다. 그들도 다 신앙의 문제로 씨름하고, 나락으로 떨어지기도 하고, 지옥을 경험하기도 한다. 누구나 내면에는 어둠이 존재한다. 하나님이 안 보이거나 하나님이 너무 멀리 계신 것처럼 느껴질 때가 있다. 영적으로 깊은 침체에 빠지기도 한다. 광야로 들어선 것이다.

엘리야는 선지자 가운데 가장 많은 기적과 이적을 행했다. 하늘 문을 열기도 하고 닫기도 했다. 죽은 과부의 아들을 살리기도 했다. 갈멜 산에서 생사를 건 신앙의 대결에서 위대한 승리를 거둔 능력의 선지자였다. 그 위대한 엘리야가 지금 지쳐 쓰러져 있다. 광야의 로뎀나무 아래에 앉아서 탄식하며 기도하고 있다.

"여호와여 넉넉하오니 지금 내 생명을 거두시옵소서"(왕상 19:4).

바로 얼마 전에 엘리야는 갈멜 산에서 얼마나 큰 승리를 거두었는가? 얼마나 큰 기적을 행했는가? 그런 그가 살고 싶지 않다고, 차라리 죽고 싶다고 하나님께 하소연을 하고 있다. 지금 그는 삶의 의욕을 상실하고 주저앉아 있다. 하나님을 향해 활활 타오르던 열정은 다 식어 버리고 재만 남았다. 육체적으로도 쇠진해 있고, 영적으로도 탈진한 상태다.

영적 침체에 빠지면 믿음과 의욕을 상실하게 된다. 무력감이 찾아오고, 정체성의 혼돈이 찾아온다. 세상이 다 어둡게 보인다. 생각의 초점이 흐려진다. 사람을 만나는 것이 싫어진다. 그리고 사명감을 상실하게 된다.

우리도 엘리야처럼 실족하고 낙심하고 영적으로 침체될 때가 있다. 기도도 하기 싫고, 성경도 읽고 싶지 않다. 교회에 나가기도 싫고, 예배도 드리고 싶지 않다. 설교도 귀에 들어오지 않고, 직분도 다 내려놓고 싶다. 영적인 광야에 들어선 것이다.

삶에 필요한 쉼표

우리가 인생을 살다 보면 광야로 내몰릴 때가 있다. 엘리야처럼 피할 그늘조차 없는 곳에서 죽고 싶다고 하소연할 때가 있다. 엘리야는 로뎀나무 그늘 아래서 잠만 자고 있었다. 그때 하나님이 어떻게 하셨는가? "네가 지금 왜 여기에 있느냐? 기도하지 않고 잠만 자고 있느냐? 예언자라는 사람이 이러고 있어서야 되겠느냐? 문제가 있으면 철야기도를 하고 금식기도를 하고 작정기도를 해야지 이렇게 잠만 자고 있어서야 되겠느냐?"라고 책망하셨는가? 아니다. 엘리야가 계속 자도록 내버려 두셨다. 그리고 천사를 통해 그를 돌보셨다.

엘리야는 계속 먹고 자고, 먹고 자고를 거듭했다. 그가 자는 동안 하나님은 천사를 통해 막 구워 낸 빵과 물을 가져다 주셨다. 때때로 우리는 하나님의 일을 하다가 지칠 때가 있다. 기도하다가 낙심할 때가 있다. 영적 침체에 빠질 때도 있다. 그럴 때는 엘리야처럼 잠시 쉬는 것이 좋다.

엘리야에게 필요한 것은 휴식이었다. 하나님의 일을 열심히 한다고 해서 무조건 좋은 것은 아니다. 하나님이 30년간 사용하려고 하셨는데, 지나치게 일을 해서 15년밖에 쓰임받지 못한다면 그것도 죄다. 그런데 우리는 쉬는 것을 죄인 양 생각할 때가 많다. 우리의 삶에 쉼표를 제대로 찍지 못하면 마침표를 일찍 찍고 만다.

예수님은 왜 바로 부활하지 않으시고 사흘 만에 부활하셨을까? 예수님께도 쉬는 시간이 필요했던 것은 아닐까? 갖은 고난을 당하시느라 지칠 대로 지치신 예수님. 끌려가시고, 채찍질 당하시고, 온갖 모욕을 받으며, 무거운 십자가를 지고 골고다 언덕을 오르신 예수님. 십자가에 못 박혀 달려 계시는 동안 예수님은 얼마나 힘드셨겠는가? 하나님은 예수님이 사흘 동안이라도 쉴 수 있도록 시간을 주신 것일지도 모른다.

광야 그늘에서 하나님을 만나라

아브라함이 브엘세바에 살 때, 에셸나무를 심고 거기서 여호와의 이름을 불렀다(창 21:33). 랍비들은 아브라함이 에셸나무를 심은 이유에 대해 이렇게 해석한다.

브엘세바는 광야다. 아주 더운 지역이고 그늘이 없다. 브엘세바를 지나면 광야로 접어든다. 그런 곳에 살았던 아브라함이 다른 나무가 아니라 에셀나무를 심은 이유는 무엇일까? 에셀나무는 그늘을 만들어 준다. 시원한 그늘이 있으니까 지나가던 사람들이 들렀다 갈 수 있다. 아브라함은 에셀나무 그늘 아래 앉아 있다가 지나가는 나그네가 있으면 쉬었다 가게 했다. 그리고 극진하게 대접을 하고 나서 하나님을 전했다.

성경에는 "영원하신 여호와의 이름을 불렀으며"(창 21:33)라고 되어 있는데, 이는 아브라함이 하나님의 이름을 불렀다는 의미뿐만 아니라 하나님을 알지 못하는 사람들이 하나님의 이름을 부르게 했다는 의미로 해석할 수 있다. 아브라함은 전도하기 위해 에셀나무를 심은 것이다. 어떻게 하면 많은 사람들에게 하나님을 전할까 고민하다가 나무 그늘을 떠올리고, 쉬는 사람들에게 하나님을 전하면 되겠다고 생각한 것이다.

아브라함이 에셀나무 그늘 아래에서 여호와의 이름을 불렀다는 것은 의미심장하다. 우리는 어디에서 하나님의 이름을 부르는가? 어디에서 예배하는가? 바로 교회다. 그렇다면 에셀나무 그늘이 바로 교회다. 교회는 광야와 같은 인생을 살아가는 이들에게 그늘이 되어 준다. 그 그늘 아래 앉아서 쉼을 얻고 하나님을 예배한다.

예수님은 겨자씨를 심었더니 나무가 되었고, 그 나무에 새들이 와서 깃들인다고 말씀하셨다. 교회는 새들이 날아와 둥지를 트는 나무와 같은 곳이다. 지친 영혼들이 와서 쉼을 얻는 곳이다.

나무는 스스로를 위해 그늘을 만들지 않는다. 남을 위해서 그늘을 만든다. 그 그늘을 만들기 위해 나무는 무더위를 참고 견딘다. 온몸으로 그늘을 만들어서 우리를 시원하게 해 준다. 교회가 바로 그런 곳이다. 교회는 광야 같은 인생을 살아가는 이들에게 그늘이 되어 주는 곳이다. 지나가는 나그네들이 아브라함이 심어 놓은 에셀나무 아래서 쉬었듯이, 그리고 엘리야가 로뎀나무 아래서 잠을 자며 쉬었듯이 지친 영혼들이 와서 쉼을 얻고 회복되는 나무 그늘과 같은 곳이 바로 교회이다.

때때로 우리는 하나님의 일을 하다가
지칠 때가 있다. 기도하다가
낙심할 때가 있다. 영적 침체에 빠지기도 한다.
그럴 때는 엘리야처럼 잠시 쉬는 것이 좋다.

9

가
이
드

혼자라고

생각할 때

손 내미는

이가 있다

◇◇◇◇◇◇◇

하나님은 광야 길을 가는 우리에게 인도자가 되시고
가이드가 되신다. 항상 옆에서 동행하신다.
그렇기 때문에 우리는 외롭지도, 두렵지도 않다.
우리가 넘어지면 일으켜 주시고,
힘들면 쉬었다 가게 하시고,
걸을 수 없을 때는 업고 가시기 때문이다.

◇◇◇◇◇◇◇

광야에서 길을 잃고 헤맬 때

예루살렘은 산꼭대기에 자리하고 있어서 평지가 거의 없다. 모든 길이 오르막길 아니면 내리막길이다. 골짜기 사이사이, 혹은 산중턱으로 길이 나 있고, 똑바로 된 길이 거의 없다. 게다가 길이 이상하게 연결되어 있다. 큰 길을 가다 어느 순간 골목길로 연결되곤 한다. 그래서 예루살렘에서는 운전하기가 어렵다.

처음 예루살렘을 방문했을 때였다. 피스갓 제브라는 곳에서 민박을 하고 있었다. 하루는 박물관을 관람하고 밤늦게 차를 몰고 집으로 돌아가던 중 길을 잃고 말았다. 지도를 봐도 도무지 알 수가 없었다. 그래서 택시를 붙잡고는 주소를 주고 뒤따라갈 테니 앞장서 달라고 했다. 그런데 기사가 터무니없이 높은 액수를 부르지 않는가. 할 수 없이 택시를 그냥 보내야 했다.

나는 길가에 있는 가게로 들어가 길을 물었다. 가게 주인은 길이 너무 복잡해서 설명하기가 어렵다고 했다. 나는 그쪽 방향으로 가는 시내버스가 있음을 알고, 시내버스 번호를 알아내 버스 뒤를 따라가며 운전했다. 버스가 서면 나도 서고, 버스가 출발하면 나도 출발했다. 가다 서다를 반복한 끝에 겨우 집에 도착했다.

그 후 2014년에 성지 순례 팀을 이끌고 3주 동안 성지 학습 여행을 다녀왔는데, 이스라엘 곳곳을 다니면서 지도를 한 번도 보지 않았다. 수차례에 걸쳐 이스라엘 구석구석을 누비고 다닌 덕분에, 지도 없이도 어디든지 갈 수 있을 만큼 이스라엘 지리에 대해 훤하게 된 것이다.

2005년 7월 터키에서 있었던 일이다. 각기 흩어져서 양을 치던 26명의 목자들이 함께 모여 아침을 먹고 있었다. 그러는 사이 양 한 마리가 이탈해서 어딘가로 향했다. 그것을 본 다른 양 몇 마리가 따라갔다. 그러자 또 다른 양들이 뒤따랐다. 어느 순간 수많은 양들이 그 대열에 서게 되었다. 그리고 무슨 일이 생겼는지 아는가? 450마리의 양이 벼랑에 떨어져 죽고 1천 마리가 넘는 양들이 다치는 비극적인 일이 일어났다.

맨 앞에 가던 양이 계속 꼴을 뜯어 먹으면서 가다가 그만 낭떠러지로 떨어지고 만 것이다. 뒤따르던 양들도 마찬가지로 낭떠러지로 떨어졌다. 그렇게 수많은 양들이 죽거나 부상을 당했다. 다행히 나중에 떨어진 양들은 먼저 떨어져 죽은 양들 위에 떨어져 죽지 않고 다치기만 했다.

한 마리의 양이 가지 말아야 할 길로 들어서는 바람에 다른 양들이 변을 당하고 말았다. 맹인이 맹인을 인도하면 둘 다 구덩이에 빠진다는 말이 있지 않은가? 차에 붙이는 스티커에 이런 문구가 적혀 있는 것을 본 적이 있다.

"나를 따라오지 마세요. 나는 길을 잃었어요(Don't follow me. I am lost)."

길을 잃은 사람을 따라가면 같이 길을 잃게 된다. 같이 구덩이에 빠지게 된다. 내가 지금 누구를 따라가고 있는지 잘 생각해 봐야 한다.

양들 중에 '가룟 유다 양'이라고 있다. 이 양은 어릴 때부터 양보다는 사람과 더 가깝게 지내게 하여 주인 말을 잘 듣게 만든다. 이 양은 양들 중간에 끼어 있다가 주인이 신호를 보내면 맨 앞으로 가서 뛰기 시작하는데, 그러면 다른 양들도 우르르 뛰기 시작한다. 가룟 유다 양을 뒤따르는 양들은 어디로 가는지도 모르고 무조건 쫓아간다. 도살장 앞에서 가룟 유다 양은 살짝 비켜선다. 그러나 다른 양들은 그것도 모르고 도살장 안으로 뛰어 들어간다. 이 세상에는 가룟 유다 양처럼 잘못된 목자의 인도를 따라가는 사람들이 얼마나 많은가? 각종 사이비 종교와 이단에 빠져 낭떠러지로 떨어지는 사람들이 얼마나 많은가?

미국에서 있었던 일이다. 한 가족이 추수감사절 휴가를 맞이해 시애틀에 있는 친척 집을 방문하고 5번 고속도로를 타고 내려오고 있었다. 남은 휴가를 즐기기 위해 태평양 연안에 있는 해변으로 향했다. 5번 고속도로를 타고 내려오다 42번 도로를 타면 쉽게 목적지에 도착할 수 있었다. 그런데 잘못해서 42번 인터체인지를 8-9킬로미터 지나쳤다. 잠시 돌아갈까 망설이다 그냥 계속 내려가기로 했다. 지도를 보니 1시간 정도 더 내려가면 지름길이 있었기 때문이다. 그들은 지름길로 들어섰다. 험한 산길이었다. 그런데 갑자기 눈이 내리기 시작했고, 그들은 고립되었다. 기온은 영하로 떨어졌다. 자동차 가스가 다 떨어져 히터를 틀 수 없어 타이어 고무로 불을 피웠다. 먹을 것도 다 떨어졌다. 산에서 따 온 야생 열매를 먹으며 하루하루를 연명했다. 그렇게 8일을 지냈다.

그러나 구조의 손길은 오지 않았다. 언제 죽을지 모르는 상황에서 아버지는 할 수 있는 것이 아무것도 없었다. 그는 마지막 결단을 내렸다. 구조를 요청하기 위해 아내와 두 딸을 두고 길을 나선 것이다. 이틀 후 그는 동상에 걸려 죽은 채 발견되었다. 일주일 이상 먹지 못하고, 아무런 장비도 갖추지 않은 상태였으니 어쩌면 당연한 결과였다. 다행히 다른 가족은 무사히 구조되었다. 만약 그가 인가를 찾아 동쪽으로 갔더라면 이야기는 달라졌을 것이다. 4-5킬로미터 떨어진 곳에 산장이 있었기 때문이다. 그는 방향을 잘못 잡아 안타깝게도 죽고 만 것이다.

시편 107편에서 저자는 광야에서 길을 잃어버려 기진맥진하게 되었다. 길을 찾지 못하면 살아남을 수가 없으니 정신없이 길을 찾아 헤맸다. 그러다 기운이 다 빠졌다. 마실 물도, 먹을 음식도 떨어졌다. 정신이 점점 혼미해졌다. 그러다 쓰러지면 다시는 일어설 수 없게 되고 만다. 아주 절망적인 상황이다. 우리도 인생을 살다가 그런 절박한 일을 당할 때가 있다.

사막 여행자들에게 필요한 '눈'

광야에 들어갈 때는 두 가지가 꼭 필요하다. 하나는 낙타이고, 또 하나는 가이드다. 낙타 없이 광야에 들어가면 살아서 나올 수가 없다. 가이드도 마찬가지다. 가이드 없이는 절대로 광야에 들어갈 수도, 광야에서 살아나올 수도 없다. 광야에는 지도가 없고, 길이 없다. 그래서 광야에서는 가이드가 절대적으로 필요하다.

왜 하나님이 출애굽의 지도자로 모세를 사용하셨는가? 모세는 이집트 왕궁을 떠나 40년 동안 미디안 광야에서 장인 이드로의 양을 치면서 살았다. 그는 사막을 아는 사람이었다. 그래서 하나님이 그를 사용하신 것이다. 사막을 아는 사람이라야 사막을 통과해 이스라엘 민족을 가나안까지 인도해 갈 수 있기 때문이다.

모세는 그의 장인인 호밥이라고 하는 미디안 사람에게 가나안까지 안내해 달라고 부탁했다. 그가 거절하자 이스라엘 백성의 눈이 되어 달라고 사정했다.

"우리를 떠나지 마소서 당신은 우리가 광야에서 어떻게 진 칠
지를 아나니 우리의 눈이 되리이다"(민 10:31).

사막을 지나는 사람들에게 가이드는 눈이나 마찬가지다. 그의
안내 없이는 절대로 사막을 통과할 수 없다. 이스라엘 백성들이
40년 동안 광야에서 길을 잃지 않고 살아남을 수 있었던 것은 광
야를 잘 아는 모세가 있었기 때문이다.

사막에는 길이 없다. 그러나 베두인들은 길을 알고 있다. 지도
에도 나와 있지 않고, 실제로도 길이 없지만 베두인들은 본능적으
로 길을 안다. 그들은 20년 전에 가 본 길도 기억한다고 한다. 아주
특별한 방향 감각을 갖고 있어서 캄캄한 방 안에서도 방향을 분별
할 수 있다. 사막에서 어디로 어떻게 가야 하는지 그들은 알고 있
다. 사막에서는 베두인이 바로 길이다. "여기 길이 어디 있습니까?"
하고 물으면 그들은 이렇게 답한다. "내가 길입니다. 나만 따라오
시면 됩니다."

철새들은 바다를 건너고 대륙을 건너 3만 킬로미터씩 날아서
자기들이 가고자 하는 목적지에 도달한다. 놀라운 자연의 신비가
아닐 수 없다. 그런데 양이라는 짐승은 혼자서는 길을 찾지 못한
다. 양은 목자가 인도해 주지 않으면 아무 데도 가지 못하고 금세
길을 잃어버리고 만다. 그래서 목자의 인도가 필요하다. 이것은
사뭇 우리의 모습과도 닮았다.

"그가 자기 백성은 양같이 인도하여 내시고 광야에서 양 떼같이 지도하셨도다"(시 78:52).

목자가 양을 인도하듯이 하나님이 이스라엘 백성을 인도하셔서 광야를 지나 가나안 땅에 들어가게 하셨다는 말씀이다. 하나님은 어떻게 목자와 같이 그들을 인도하셨는가?

첫째, 목자는 늘 양보다 앞서 간다. 길을 인도하기 위해서다. 동시에 목자는 양들과 항상 같이 간다. 광야에서 하나님은 늘 이스라엘 백성보다 앞서 가시며 길을 인도해 주셨다. 동시에 이스라엘 백성들과 항상 함께 하셨다.

둘째, 목자는 잘 따라오지 못하는 어린 양이나 다친 양, 또는 아프거나 징계하느라 다리를 부러뜨린 양을 어깨에 메거나 품에 안고 간다.

"그는 목자같이 양 떼를 먹이시며 어린 양을 그 팔로 모아 품에 안으시며 젖먹이는 암컷들을 온순히 인도하시리로다"(사 40:11).

우리가 광야를 지나다가 더 이상 걸을 수 없을 정도로 힘들고 지치면 주님은 우리를 안고 가신다. 결코 버려두지 않으신다. 앞에서 잡아끌지 않으신다. 뒤에서 카우보이들처럼 몰아치지 않으신다.

"광야에서도 너희가 당하였거니와 사람이 자기의 아들을 안는 것같이 너희의 하나님 여호와께서 너희가 걸어온 길에서 너희를 안으사 이곳까지 이르게 하셨느니라"(신 1:31).

하나님은 우리의 인도자이자, 가이드가 되신다. 가이드가 되시는 하나님은 항상 옆에서 같이 가신다. 그렇기 때문에 우리는 외롭지도 않고, 두렵지도 않다. 걱정할 것이 없다. 우리가 넘어지면 일으켜 주시고, 힘들면 쉬었다 가게 하시고, 걸을 수 없을 때는 업고 가신다. 우리가 광야를 다 통과할 때까지 우리 곁에서 우리와 동행하시고, 우리의 가는 길을 앞서 인도하시고, 마침내 광야를 무사히 통과해 가나안에 들어가게 하신다.

하나님의 인도하심만 믿으라

동방 박사들은 아기 예수께 경배하기 위해 산을 넘고 물을 건너 먼 길을 왔다. 여기서 우리가 간과하는 것이 있다. 그들은 산과 강만 지나온 사람들이 아니다. 그들은 광활한 사막을 건너왔다. 그들이 지나온 길을 보라. 이란, 이라크, 시리아, 요르단, 모두 사막이다. 동방 박사들은 목숨을 걸고 사막을 건너서 아기 예수께 경배하러 온 사람들이었다.

그들이 예루살렘까지 어떻게 왔는가? 별의 인도를 따라왔다.

별을 잘 따라오다가 다 와서는 그만 별의 인도를 따르지 않고 자신들의 생각과 판단대로 왕궁을 찾아갔다. 결국 새로운 왕의 탄생 소식을 헤롯이 알게 되고, 헤롯이 그 아이를 죽이려 하고, 이 일로 아기 예수는 태어나자마자 이집트로 피신을 가게 되고, 베들레헴의 어린아이들이 다 죽임을 당하고 만다. 순간적인 판단 실수로 엄청난 비극이 일어난 것이다. 끝까지 별의 인도를 따라갔더라면 그런 비극은 일어나지 않았을 텐데 말이다. 이것이 우리가 이해하고 있는 동방 박사 이야기다.

그런데 성경을 잘 읽어 보라. 동방 박사들은 이상한 별이 나타난 것을 보고 메시아의 탄생을 알게 되었다. 그러나 별을 따라서 예루살렘까지 온 것은 아니었다. 그들이 별을 따라왔다면 왜 베들레헴으로 곧장 가지 않고 예루살렘으로 가서 헤롯 왕궁을 찾아갔겠는가? 그들이 별을 따라왔다면 왜 메시아가 어디서 태어날 것인지 물어보았겠는가?

동방 박사들이 헤롯 왕궁에서 나와서 베들레헴을 향해 가려고 할 때 문득 동방에서 보았던 그 별이 다시 나타났다(마 2:9). 그들은 별이 나타나자 매우 기뻐했다. 별이 처음부터 그들을 계속 인도해 온 것이 아니라 나타났다가 사라졌다가, 다시 나타난 것이다. 하나님이 그들에게 별을 보여 주시면서 그 별을 계속 따라가게 하셨다면 그들은 결코 잘못된 길로 가지 않았을 것이다. 그러나 하나님은 그렇게 인도하시지 않았다.

동방 박사들은 예루살렘으로 오는 내내 불안했을 것이다. "지금 우리가 바른 길로 가고 있는 게 맞을까? 혹시 잘못된 길로 가고 있는 게 아닐까? 메시아를 만나긴 할 수 있을까? 얼마나 더 가야 할까?" 모든 것이 불확실했다. 그래도 앞을 향해 나아갔다. 그러다가 예루살렘까지 오게 된 것이다. 보이지 않는 하나님의 인도하심이 있었던 것이다.

하나님은 아브라함에게 고향과 친척과 아버지 집을 떠나 하나님이 지시하시는 땅으로 가라고 하셨다. 아브라함은 갈 바를 알지 못하고 하나님의 인도하심을 따랐다. 지도도 없었고, 목적지도 알지 못했다. 그러나 가나안까지 잘 도착했다. 보이지 않는 하나님의 인도하심이 있었기 때문이다.

하나님은 이스라엘 백성들이 40년간 광야를 지날 때 구름기둥과 불기둥으로 인도해 주셨다. 그들이 가는 길을 알지 못해서 길을 잃어버릴까봐 구름기둥과 불기둥으로 인도해 주신 것일까? 아니다. 그들은 목적지가 가나안 땅이라는 것을 알고 있었다. 그리고 어떻게 하면 그 땅에 들어갈 수 있는지도 알고 있었다. 이스라엘 백성들이 지나온 광야는 모세가 40년간 살았던 광야였다. 모세는 그 광야를 손바닥 보듯이 잘 알고 있었다.

만일 하나님이 모세에게 이스라엘 백성들을 데리고 가나안 땅에 들어가라고 하셨다면 모세는 40년이 아니라 40일만에 그 땅에 들어 갔을 것이다. 그런데 이스라엘 백성들이 가나안에 들어가는 데는 40년이나 걸렸다. 왜 40일이면 갈 곳을 40년이나 걸려서 갔을까? 구름기둥과 불기둥의 인도를 따라서 가다 보니 그렇게 된 것이다. 하나님은 이스라엘 백성들이 광야에서 계속 돌고 돌게 하셨다. 이스라엘 백성들이 곧바로 가나안에 들어가지 않고 광야에서 훈련시키기 위해 구름기둥과 불기둥을 보내신 것이다. "너희는 너희가 알고 있는 길로 가려고 하지 마라. 내가 인도하는 대로 나를 따라오라." 이스라엘 백성들이 원하는 길이 아니라 하나님이 작정하신 길로 가도록 하기 위해 구름기둥과 불기둥을 보내셨던 것이다.

우리는 하나님이 우리의 삶 가운데 분명한 인도하심을 보여 주시기를 바란다. 이스라엘 백성처럼 우리에게 구름기둥과 불기둥을 보내 주셔서 그것을 따라가라고 하시면 얼마나 좋을까? 그러나 하나님은 그렇게 하시지 않는다.

하나님은 우리가 모르게 인도하실 때가 많다. 우리도 모르는 사이에 하나님의 인도하심을 받는 것이다. 우리는 나중에야 하나님이 신비하게 인도해 주셨다는 사실을 깨달을 때가 많다.

비록 우리 앞에 구름기둥이 나타나지 않고, 불기둥이 나타나지 않고, 별이 나타나지 않아도 하나님은 우리가 모르는 방법으로, 우리가 모르는 사이에 우리를 인도해 주신다. 하나님은 보이지 않게 우리의 삶 속에서 우리를 인도하신다. 별을 기대하지 말라. 구름기둥과 불기둥을 기대하지 말라. 하나님의 인도하심을 믿고 앞으로 나아가면, 마침내, 광야를 벗어나 가나안에 들어가게 될 것이다.

> "믿음으로 아브라함은 부르심을 받았을 때에 순종하여 장래의 유업으로 받을 땅에 나아갈새 갈 바를 알지 못하고 나아갔으며"(히 11:8).

우리는 갈 바를 알지 못하는 인생이다. 아브라함도 그러했고, 동방 박사들도, 이스라엘 백성들도 그러했다. 하나님은 먼저 보여 주시고 따라오라고 말씀하지 않는다. 단지 따라오라고 명령하실 뿐이다. 다 설명해 주신 다음에 "순종하겠느냐?"고 물으시는 것이 아니라 무조건 순종하라고 하신다. 우리는 나중에 가서야 하나님의 진의를 깨닫게 된다.

하나님은 한 번에 하나씩만 보여 주신다. 한번에 다 보여 주시지 않는다. 하나님의 인도하심은 퍼즐 맞추기 게임처럼 시간이 흐를수록 조금씩 분명하게 드러난다. 하나님의 인도를 따라가다 보면 하나님이 어디로 인도하시는지 조금씩 이해하게 된다. 그러므로 우리는 "한 걸음 한 걸음 주 예수와 함께 날마다 날마다 우리는 걷겠네!" 하고 찬송하며 나아가야 한다. 매일 새벽마다 주님의 인도하심을 구해야 한다.

하나님은 우리의 길을 인도하시되 전체를 다 보여 주시지는 않는다. 지도를 보여 주시지는 않는다. 한 걸음씩만 인도하신다. 하루하루 인도하신다. 일용할 양식만 주신다. 알아야 할 것만 알게 하신다. 하루하루 은혜를 내려 주신다. 1년치 은혜를 한꺼번에 왕창 내려 주시지 않는다. 그렇기 때문에 우리는 매일 기도할 수밖에 없다.

성경을 아무리 읽어 봐도 판단이 안 설 때가 많다. 하나님의 뜻이 무엇인지 알 길이 없다. 따라서 우리는 겸손하게 매일 주님과 동행하며, 기도하며, 말씀 묵상하며 하나님의 인도하시는 은혜를 구해야 한다.

때로 길을 잘못 들어서 돌아가기도 하고, 막다른 길에 다다르기도 하고, 벼랑 끝에 몰리는 경우도 있다. 하나님의 뜻이라고 생각하고 갔는데 아닐 때도 있다. 우리가 가는 길, 우리의 내일, 우리의 미래는 불확실한 것들 뿐이다. 그렇기 때문에 하나님을 의지할 수밖에 없는 것이다. 기도할 수밖에 없는 것이다. 모든 것이 확실하다면 우리가 하나님의 도우심과 인도하심을 구하겠는가?

인생을 살다가 길이 안 보이거나 막막할 때, 앞길이 캄캄할 때, 벼랑 끝에 선 것처럼 느껴질 때 하나님께 기도하라. 그러면 하나님이 잃어버린 길을 찾게 해주실 것이다. 없는 길을 만들어 주실 것이다. 길을 잘못 들어설 때도 있다. 잘못된 판단, 잘못된 결정을 내릴 수도 있다. 그럼에도 주님과 동행하기만 하면, 주님의 인도하심을 따라가기만 하면, 잃었던 길을 다시 찾게 될 것이다.

"이 하나님은 영원히 우리 하나님이시니 그가 우리를 죽을 때까지 인도하시리로다"(시 48:14).

돌아서 가는 것도 하나님의 은혜다

모세가 이스라엘 백성들을 이끌고 출애굽을 할 때 첫 번째 위기는 홍해를 만난 것이었다. 뒤에는 이집트 군대가 쫓아오고 있었고, 앞에는 홍해가 가로막고 있었다. 진퇴양난에 빠진 것이다. 왜 이런 상황을 만났는가? 홍해를 통과하지 않고도 갈 수 있는 길이 있었다. 그런데도 하나님은 그들을 홍해 앞으로 인도하셨다.

이스라엘 백성들을 홍해 앞으로 인도하신 데는 이유가 있었다. 홍해 앞에서 이스라엘 백성들은 하나님의 역사와 하나님의 영광을 체험했다. 놀라운 기적과 살아 계신 하나님을 체험했다. 하나님이 하시는 일을 보고 믿음이 더욱더 견고해졌다. 하나님을 더욱 경외하고 믿고 의지하게 되었다. 하나님을 더 신뢰하게 되었다.

하나님은 우리를 더 좋은 곳으로 인도하시기 위해 홍해와 같은 어려움을 만나게 하신다. 하나님이 우리를 어딘가로 인도하시는 데는 그분의 섭리와 목적과 뜻과 계획이 있다.

1890년대 골드러시 때 하루라도 먼저 캘리포니아에 도착해서 금을 만져 보려고 했던 사람들은 돌아서 가는 안전한 길을 선택하지 않고 지름길인 광야로 들어갔다. 불행하게도 수많은 사람들이 광야를 통과하지 못하고 죽고 말았다. 그들 중 천만다행으로 빠져나온 사람들이 붙인 이름이 바로 '죽음의 계곡', 데스 밸리이다.

우리는 지름길을 좋아한다. 빨리 가고 싶어 한다. 돌아서 가고 시간이 걸리는 것을 싫어한다. 하나님은 이스라엘 백성들을 가나안으로 인도하실 때 지중해를 끼고 가면 일주일이면 될 거리를 방향을 바꾸어 광야로 데리고 가셨다. 빙 돌아가게 하신 것이다. 그 이유 가운데 하나는 이스라엘 백성들의 안전을 위해서였다. 지름길로 가면 당시 가장 강력했던 블레셋 사람들과 전쟁을 해야 했기 때문이다.

하나님이 우리로 하여금 돌아서 가게 하실 때는 다 이유가 있다. 반드시 지름길이 좋은 것만은 아니다. 하나님이 우리를 꼭 시온의 대로로만 인도하시는 것은 아니다. 때로는 우리의 유익을 위해 한참 돌아서 가게 하신다. 돌아서 가게 하시는 것도 하나님의 은혜다.

빨리 가는 것만이 좋은 것은 아니다. 광야를 지날 때는 조급한 마음을 버리고 천천히 가야 한다. 하나님은 이스라엘 백성들을 가나안 땅으로 인도하실 때, 지름길로 가지 않으셨다. 직항로로 가지 않고 돌아서 가게 하셨다.

인생의 어느 시점에서 하나님이 우리를 빙 돌아서 가게 하실 때가 있다. 그때 조급해하지 말아야 한다. 하나님의 인도하심을 따라가다 보면 광야로 들어가기도 하고, 홍해를 만나기도 하고,

오아시스를 만나기도 하고, 광야에서 계속 돌기도 한다. 그러다 보면 언젠가 우리 앞에 요단 강이 나타날 것이다. 가나안이 나타날 것이다. 하나님이 우리를 광야에서 어디로 인도하시든지 결국은 광야를 무사히 통과해 가나안 땅에 들어가게 하실 것이다.

우리는 지금 어디쯤 와 있는가? 어떤 사람은 이제 막 광야로 접어들었을 것이다. 홍해 앞에 와 있는 사람도 있을 것이고, 마라나 오아시스인 엘림에 와 있는 사람도 있을 것이다. 어떤 사람은 시내 산에, 어떤 사람은 가데스 바네아에 와 있을 것이다. 또 어떤 사람은 저 멀리 가나안이 보이는 느보 산쯤 와 있을 것이다. 성경으로 말하자면, 어떤 사람은 출애굽기 10장에 와 있을 것이고, 어떤 사람은 민수기 5장쯤, 또 어떤 사람은 광야를 다 통과해서 신명기 마지막 장쯤에 와 있을 지도 모른다.

우리가 지금 어디쯤 와 있든지 언젠가는 다 광야를 벗어나 요단 강을 건너 가나안 땅에 들어가는 날이 올 것이다. 하나님이 광야에서 우리를 어디로 인도하시든지 하나님의 인도하심을 따라가다 보면 언젠가 광야를 무사히 벗어나 가나안 땅에 들어가게 될 것이다.

하나님이 우리로 하여금 돌아서 가게 하실 때는
다 이유가 있다. 반드시 지름길이 좋은 것만은 아니다.
때로는 우리의 유익을 위해 한참 돌아서 가게 하신다.
돌아서 가게 하시는 것도 하나님의 은혜다.

10

낙
타

광야에서는

로프가 아닌

낙타를

사라

◇◇◇◇◇◇

낙타는 자기 짐을 지지 않는다.
주인이 실어 주는 짐을 진다. 우리에게는
하나님을 위해 져야 할 짐이 있다.
내 몫의 십자가, 내가 감당해야 할 몫이 있다.
내게 주어진 사명, 내가 해야 할 일이 있다.

◇◇◇◇◇◇

적금 타서 낙타를 사라

이연실의 '목로주점'이라는 노래가 있다.

> 월말이면 월급 타서 로프를 사고
> 연말이면 적금 타서 낙타를 사자
> 그래 그렇게 산에 오르고
> 그래 그렇게 사막엘 가자.

이 노래는 연말이면 적금을 타서 낙타를 사자고 한다. 낙타를 왜 사는가? 사막에 가기 위해서다. 사막 하면 떠오르는 동물이 낙타다. 사막에 들어갈 때는 누구나 낙타를 탄다. 낙타 없이는 사막에 들어갈 수 없다. 낙타는 사막이라고 하는 바다를 항해 할 수 있는 유일한 배다.

사막에 들어갔는데 낙타가 쓰러지면 타고 가던 사람도 죽을 수 있다. 뜨거운 사막에서 걸어봤자 얼마나 걸을 수 있겠는가? 사막에서는 인간의 생사가 낙타에게 달려 있다. 그렇기 때문에 건강한 낙타를 잘 골라서 사막에 들어가야 한다. 누구도 낙타 없이는 사막에서 살아남을 수 없기 때문이다.

성경에는 낙타에 관한 이야기가 많이 나온다. 아브라함이 아들 이삭의 아내 될 사람을 구해 오라고 종을 메소포타미아로 보냈는데, 그때 10마리의 낙타를 종에게 주어 보냈다(창 24:10). 야곱이 라반의 집에서 20년 세월을 보내고 고향으로 돌아올 때, 아내 라헬은 아버지의 수호신을 낙타 안장 밑에 몰래 숨겨 가지고 나왔다(창 31장). 야곱은 형 에서에게 줄 선물로 양과 낙타를 준비했다(창 32:15). 요셉이 형들에게 버림당해 구덩이에 던져졌을 때 마침 미디안 상인들이 그곳을 지나가고 있었다. 그들은 낙타에 짐을 싣고 이집트로 가는 중이었다. 형들은 요셉을 그들에게 팔아넘겼다. 미디안 상인들은 요셉을 낙타에 묶어서 이집트까지 끌고 갔다.

기드온의 300용사 이야기에도 낙타가 등장한다. 미디안(오늘날의 사우디아라비아) 군대가 해마다 이즈르엘 평야를 습격했다. 사막 지역에 사는 유목민이었기 때문에 곡식을 얻기 위해 그 먼 곳까지 약탈하러 왔던 것이다. 사우디아라비아에서 이즈르엘 평야까지 그 먼 길을 무엇을 타고 왔을까? 바로 낙타다. 사막을 거쳐서

와야 했기 때문이다. 성경을 보면, 사람 수보다 낙타 수가 더 많았음을 알 수 있다. 약탈한 것을 싣고 가기 위해서였다.

"미디안과 아말렉과 동방의 모든 사람들이 골짜기에 누웠는데 메뚜기의 많은 수와 같고 그들의 낙타의 수가 많아 해변의 모래가 많음 같은지라"(삿 7:12).

동방 박사 이야기에 꼭 등장하는 것이 있다. 바로 낙타다. 성경은 그들이 무엇을 타고 왔는지 말해 주지 않는다. 그러나 누구나 그들이 낙타를 타고 왔다고 생각한다. 그 이유가 무엇인가? 그들은 단순히 산을 넘고 물을 건너 온 것이 아니라 광대한 광야를 지나왔다. 그 광야를 지나오는 데 적어도 4-5개월은 걸렸을 것이다. 광활한 광야를 지나올 수 있는 방법은 하나밖에 없다. 낙타를 타고 오는 것이다. 더군다나 그들은 4-5개월 걸려서 다시 돌아가야 했다. 그러니 거의 1년을 광야에서 보내야 했다. 그러려면 많은 짐들이 필요했을 테고, 그것들을 운반하기 위해서는 낙타가 필요했을 것이다.

예수님은 태어나자마자 헤롯의 칼을 피해 어머니 마리아의 품에 안겨 이집트로 피난을 가셨다. 베들레헴에서 이집트까지 가려면 시나이 반도를 지나야 하는데, 그곳은 이스라엘 백성이 출애굽을 할 때 지나온 광야다. 미디안 상인들이 요셉을 종으로 팔아넘

기기 위해 끌고 갔던 길이기도 하다. 예수님의 가족은 어떻게 그 광야를 지나서 이집트에 도착했을까? 성경에는 나오지 않지만 어쩌면 낙타를 타고 가셨을지도 모른다. 그러나 초대 교회가 남긴 벽화를 보면 예수님의 가족이 나귀를 타고 가는 모습으로 그려져 있다. 왜 낙타가 아니라 나귀였을까? 낙타를 구하기가 어려웠을 것이라고 생각했던 것일까? 사실 나귀도 낙타만은 못하지만 물만 충분히 공급해주면 광야를 잘 견뎌낸다. 그러나 낙타를 구할 수 있었다면 아마도 낙타를 타고 가셨을 것이다. 광야에서는 낙타만 한 운송수단이 없기 때문이다.

낙타는 자기 짐을 지지 않는다

군대 시절 4개월간 광주 상무대에서 장교 훈련을 받은 적이 있는데, 지금도 잊히지 않는 기억이 있다. 일주일 동안 유격 훈련을 받기 위해 완전군장을 하고 하루 종일 무등 산을 넘어서 화순으로 갔다. 장비를 둘러메고 무등 산을 넘어가는데, 두 시간 정도 땀을 뻘뻘 흘리면서 행군하다가 "10분간 휴식!" 하면 군장을 풀어놓기가 무섭게 그 자리에서 뒤로 벌렁 누웠다. 10분간 휴식이 끝나면 다시 짐을 짊어져야 하는데, 그때는 짐이 더 무거웠다. 똑같은 무게의 짐인데, 지치니까 점점 더 무겁게 느껴지는 것이다. 그렇게 12시간을 행군해 무등 산을 넘어갔다.

공수부대나 해병대에서는 '천리행군'이라는 것을 한다. 말 그대로 완전군장을 하고 천 리를 행군하는 것이다. 천리행군을 하다 보면 둘러멘 짐이 천근만근으로 느껴진다. 나 하나 걸어가기도 힘든데, 등에 짐까지 메었으니 얼마나 힘들겠는가? 얼마나 짐이 무거우면 나중에는 밥 먹는 숟가락도 버린다고 한다.

낙타는 평생 등에 짐을 싣고 살아가는, 고단한 인생을 사는 짐승이다. 하루 종일 등에 무거운 짐을 지고 뚜벅뚜벅 걸어간다. 우리도 인생이라는 광야를 지나고 있다. 그리고 누구에게나 무거운 인생의 짐이 주어져 있다. 낙타를 보면 우리와 참 많이 닮았다는 생각을 하게 된다. 우리의 삶이 광야라고 한다면 우리는 인생의 무거운 짐을 짊어지고 그 광야를 건너는 낙타인 것이다.

낙타는 아침이 되면 주인 앞에 와서 무릎을 꿇는다. 그러면 주인이 낙타에게 짐을 실어 준다. 이때 주인이 욕심을 부려서 낙타에게 너무 많은 짐을 실어 주면 안 된다. 그러면 얼마 가지 못해 지쳐 쓰러져 죽기 때문이다.

우리가 왜 인생의 무거운 짐을 지고 힘겹게 살아가고 있는 것인가? 어쩌면 우리의 욕심 때문일 수도 있다. 욕심을 줄이고, 비우면 짐이 훨씬 줄어들 텐데, 욕심을 채우려고 끙끙거리면서 인생의 무거운 짐을 지고 가는 것이다. 너무 욕심 부려서 많은 짐을 지려고 하지 말라. 너무 욕심 부려서 더 멀리 가려고 하지 말라. 질 수 있는 만큼만 지고, 갈 수 있는 만큼만 가라. 남보다 많이 지고 남보다 빨리 가려니까 짐이 무거워지고, 결국 감당하지 못해 쓰러지는 것이다. 인생의 짐을 줄여라. 걱정, 근심, 염려의 짐을 내려놓으라. 그러면 인생이 한결 가벼워질 것이다.

순례자들이 평생에 한 번 가고 싶어 하는 곳이 있다. 산티아고 순례길이다. 스페인에 있는 길로, 1천 년 넘게 순례자들이 순례했던 길이다. 산티아고는 '성 야고보'라는 뜻인데, 야고보의 무덤이 있는 교회를 향해 거의 40일간 계속 순례의 길을 간다.

순례자들이 메고 가는 짐을 보면 달랑 배낭 하나다. 순례자는 결코 무거운 짐을 가지고 다니지 않는다. 순례자는 무거운 인생의 짐을 지고 가지 않는다.

"하나님, 짐이 너무 무겁습니다. 이 짐 좀 가볍게 해 주세요."

"그래, 인생의 짐이 무겁지? 그 짐 다 내 앞에 내려놓아라."

"예, 알겠습니다. 감사합니다."

기도할 때 우리는 모든 짐을 하나님 앞에 다 내려놓는다. 그런데 기도가 끝난 다음에는 어떻게 하는가? 다시 짐을 주섬주섬 챙겨서 가지고 간다. 그래서 우리가 늘 무거운 인생의 짐에 치여 살아가는 것이다.

> "수고하고 무거운 짐 진 자들아 다 내게로 오라 내가 너희를 쉬게 하리라"(마 11:28).

"네 짐을 여호와께 맡기라"(시 55:22).

낙타는 자기 짐을 지지 않는다. 주인이 실어 주는 짐을 진다. 우리의 주인은 누구이신가? 하나님이시다. 그런데 우리는 하나님이 지워 주시는 짐은 지지 않고 우리 짐만 지고 있다. 우리에게는 하나님을 위해 져야 할 짐이 있다. 내 몫의 십자가, 내가 감당해야 할 몫이 있다. 내게 주어진 사명, 내가 해야 할 일이 있는 것이다.

예수님이 마태복음 11장 28절에서 "수고하고 무거운 짐 진 자들아 다 내게로 오라 내가 너희를 쉬게 하리라"고 말씀하신 뒤 곧바로 하신 말씀이 있다.

"나는 마음이 온유하고 겸손하니 나의 멍에를 메고 내게 배우라 그리하면 너희 마음이 쉼을 얻으리니 이는 내 멍에는 쉽고 내 짐은 가벼움이라 하시니라"(마 11:29-30).

예수님이 지워 주시는 짐을 지라는 뜻이다. 예수님이 주시는 멍에를 메라는 것이다.

"예수님, 인생의 짐이 너무 무겁습니다."

"그렇지? 그 짐 다 내려놓아라. 그리고 이제부터는 내가 너에게 지워 주는 짐을 지어라. 그 짐은 가볍다."

한 선교사가 차를 몰고 가고 있었다. 그런데 마침 장에 가는 아낙네를 만나 태워 주웠다. 그런데 그녀는 차를 타고 가면서도 계속 보따리를 머리에 이고 있었다. 선교사가 내려놓으라고 하자 그녀가 이렇게 대답했다.

"저 하나 태워 주신 것도 감사한데 어떻게 짐까지 내려놓겠습니까?"

혹시 우리가 이런 식으로 인생을 살아가고 있지는 않은가? 이제는 내 짐을 내려놓고 주님이 지워 주시는 짐을 져야 할 때다.

함부로 달리지 않는 생존 전략

낙타는 조급해하지 않는다. 항상 느긋하다. 먼 곳을 바라보면서 느릿느릿 걸어간다. 뛸 줄 몰라서 그런 것이 아니다. 뛰기로 마음먹으면 무척 잘 달린다. 아랍 전사들을 태우고 다니는 낙타는 시속 20킬로미터로 달린다고 한다. 그러나 짐을 싣고 갈 때는 절대로 뛰지 않는다. 잘 뛴다고 과시하려다가는 금방 지쳐 쓰러져 죽을 수 있기 때문이다.

왜 광야에서는 말을 타지 않고 낙타를 타는가? 말은 빨리는 달리지만 오래 달리지는 못한다. 그러나 낙타는 빨리 달리지는 않지만 오랫동안 걸을 수 있어서 멀리 갈 수 있다. 사막에서는 말보다는 낙타가 교통수단으로서 백 배 유용하다. 사막에서는 서둘러서는 안 된다. 사막에서 살아남으려면 최대한 에너지를 보충해 두어야 한다. 필요 없는 일에 낭비해서는 안 된다. 그래서 낙타는 달릴 수 있지만 달리지 않는다.

"빨리 가려면 혼자 가라. 그러나 멀리 가려면 같이 가라"는 말이 있다. 사막은 혼자서 건널 수 있는 곳이 아니다. 반드시 누군가와 같이 가야 한다. 그리고 남보다 앞서 가려고 하거나 남과 경쟁하려고 하다가는 얼마 못 가서 쓰러지고 만다.

그런데 우리는 어떤가? 언제나 다른 사람들에게 지지 않으려고 안간힘을 쓰며 헐떡이고 살아간다. 낙타는 헐떡이지 않는다. 헐떡이면 수분이 증발되면서 체온이 떨어지기 때문이다. 그래서 결코 헐떡일 정도로, 숨이 찰 정도로 달리지 않는다. 그저 천천히 간다. 그것이 생존 전략인 것이다.

우리는 광야를 지나는 것이지 100미터 경주를 하는 것이 아니다. 속도를 줄여야 한다. 너무 많이 가려고 하지 말아야 한다. 짐도 너무 많이 지려고 하지 말아야 한다. 조급함, 서두름, 과욕 때문에 쓰러지는 사람들이 얼마나 많은가? 기억하라. 사막을 건너는 것은 용맹한 사자가 아니라 느리지만 묵묵히 걷는 낙타다.

낙타가 물 없이도 견딜 수 있는 이유

낙타는 뜨거운 사막을 지나면서 하루든 이틀이든 일주일이든 물 한 모금 마시지 않고도 잘 견딘다. 물을 안 먹어도 살 수 있도록 적응이 되어서일까? 아니다. 물을 안 마시는 것이 아니라 몸 안에 물로 바꿀 수 있는 지방을 충분히 저장해 놓았기 때문이다.

낙타 등에는 혹이 볼록 튀어나와 있다. 사막을 지나면서 필요한 에너지를 여기서 충당한다. 혹에는 지방이 저장되어 있는데, 이 지방을 분해시켜 수분을 섭취한다. 혹이 볼록 솟아 있어야 며칠간 물 없이도 버틸 수 있다. 그래서 낙타는 다리가 아닌, 혹을 보고 얼마나 갈 수 있을지를 가늠한다.

자동차에는 연료 계기판이 있다. 연료가 줄어들수록 갈 수 있는 거리가 줄어든다. 연료가 거의 다 떨어지면 주유소로 가라는 경고등이 켜진다. 그것을 무시하고 계속 달리면 도로 한복판에 서기 십상이다. 그래서 우리는 아무리 바빠도 기름이 떨어지면 반드시 채운다.

우리의 영적 계기판은 어떠한가? 충만한가? 아니면 반쯤 떨어졌는가? 영적 계기판에 노란불이 들어오지는 않았는가? 그렇다면 예수님이 비유로 말씀해 주신 것처럼 빨리 등에 기름을 채워야 한다. 교회라는 주유소에서 기도로, 말씀으로 기름을 채워야 한다. 은혜가 충만하도록, 성령이 충만하도록, 믿음이 충만하도록 채워야 한다.

주일이 얼마나 귀한 날인지 모른다. 주일을 얼마나 잘 지키느냐에 따라 일주일의 삶이 달라진다. 주일에 받은 은혜로 한 주간을 광야 같은 세상에서 지쳐 쓰러지지 않고 힘차게 살아갈 수 있다.

새벽 기도 시간도 얼마나 귀한지 모른다. 하루를 살아가는 은혜와 힘을 얻는 시간이기 때문이다.

일주일에 한 번, 주일에만 은혜 받고 한 주간을 살아가는 사람과 매일 새벽마다 은혜 받고 하루하루를 살아가는 사람은 분명히 차이가 있다. 주일에 은혜 받았어도 매일 새벽 기도를 하지 않으면 그 사람의 혹은 점점 줄어 갈 것이다. 그러나 매일 새벽 기도를 하는 사람은 항상 혹이 불룩 솟아 있다. 그는 매일 은혜 충만하고, 성령 충만하고, 믿음 충만한 삶을 살아갈 것이다.

무릎 꿇는 것만이 살길이다

낙타는 매일 주인 앞에 와서 무릎을 꿇고 하루를 시작한다. 그러면 주인은 낙타에게 적당한 짐을 실어 준다. 주인이 욕심을 부려서 낙타에게 너무 많은 짐을 실어 주는 일은 없다. 그러면 얼마가지 못해서 쓰러져 죽기 때문이다. 하나님은 우리가 얼마 만큼의 짐을 감당할 수 있는지 아신다. 그래서 우리가 감당할 수 있는 만큼의 짐만을 실어 주신다. 성경은 감당하지 못할 시험은 주시지 않는다고 말한다. 하나님이 우리에게 어떤 짐을 지워 주실 때는 우리가 넉넉히 감당할 수 있기 때문이다. 어떤 인생의 문제로 씨름하고 있든지 우리가 감당할 수 있기에 주시는 것이다.

낙타는 아침에 주인 앞에 와서 무릎을 꿇고 짐을 실으면 하루 종일 묵묵히 자기에게 주어진 짐을 지고 가다가 해가 떨어지면 주인 앞에 와서 또다시 무릎을 꿇는다. 그러면 주인이 수고했다고 등을 툭툭 쳐 주면서 짐을 내려 주고 낙타는 하룻밤을 편히 쉰다. 그리고 다음 날 아침이 되면 또 주인 앞에 가서 무릎을 꿇는다.

교회사에 있어서 별명이 '낙타 무릎'인 사람이 있다. 예수님의 동생 야고보다. 그가 죽었을 때 무릎에 낙타 무릎처럼 굳은살이 박여 있었다고 한다. 그만큼 기도를 많이 했던 것이다.

나무는 무릎을 꿇지 못한다. 평생 서 있다. 앉지도 못한다. 무릎이 없기 때문이다. 그래서 바람이 불면 구부리지 못해 부러지고 만다. 그런데 나무 중에 무릎을 꿇은 나무가 있다. 콜로라도에 가면 볼 수 있는데, 산꼭대기에 나무가 없다. 민둥산이다. 산이 너무 높아서 나무들이 자라지 못하는 것이다. 그런 곳을 수목한계선이라고 하는데, 그 아래로 자라는 나무들을 보면 쭉쭉 뻗지 못하고 다 몸을 숙이고 있다. 그리고 한쪽 방향으로 향하고 있다. 칼바람으로부터 자신을 보호하기 위해 몸을 최대한 납작 엎드린 것이다. 잘났다고 허리를 펴면 펼수록 바람을 더 맞고 부러지니까 무릎을 꿇고 고개를 숙인 채 최대한 자세를 낮춘 것이다. 이런 나무들은 볼품도 없고 못생겼다. 그러나 이런 나무들을 가지고 스트라디바리우스 같은 명기를 만든다.

낙타는 사막을 지나다 모래 폭풍이 불어오면 가기를 멈춘다. 무릎을 꿇고 그 폭풍이 다 지날 때까지 기다린다. 그러다가 지나가면 다시 일어나 길을 간다. 인생의 폭풍이 불어올 때 뚫고 나가려고만 하지 말고 잠시 멈춰 기다릴 줄 아는 지혜가 필요하다. 어떤 인생의 폭풍도 다 지나가게 되어 있다. 무릎 꿇고 기도하면서 참고 인내하면 인생의 폭풍도 잦아들게 될 것이다.

하나님이 가장 좋아하시는 자세는 무릎을 꿇는 것이다. 전쟁터에서 총알이 빗발치듯 날아오면 어떻게 해야 살 수 있는가? 낮은 포복으로 기어야 한다. 그것이 사는 길이다. 하나님 앞에 무릎을 꿇어야 한다. 기도해야 한다.

광야는 기도하지 않고는 무사히 통과할 수 없는 곳이다. 기도하는 사람만이 인생의 광야를 무사히 통과해서 가나안에 들어갈 수 있다.

11

이슬

인생의

광야를 적시는

이슬 같은

은혜가

있다

◇◇◇◇◇◇◇

광야에는 비가 내리지 않는 대신 이슬이 내린다.
매일 밤 수억 개의 이슬방울들이 내린다.
그것이 사막을 살린다. 사막의 모든 생물들은 이슬을 마시고
하루하루를 살아간다. 이슬 때문에 사막에 생물이
살 수 있는 것이다. 이스라엘 백성도 이슬 때문에
40년 간 광야에서 살아남을 수 있었다.

◇◇◇◇◇◇◇

광야를 살리는 이슬

"아침에는 이슬이 진 주위에 있더니 그 이슬이 마른 후에 광야
지면에 작고 둥글며 서리같이 가는 것이 있는지라"(출 16:13-14).

새벽에 이슬이 온 지면에 내린다. 동이 터 오면 이슬이 점점 마
른다. 완전히 마르면 그곳에 빵 같은 것이 생긴다. 그것이 만나다.
만나는 이슬이 내린 자리, 이슬이 사라진 자리에 생겼다. 광야생
활을 하는 40년 동안 만나는 매일 내렸다. 만나를 40년 동안 매일
내려 주셨다는 말은 곧 광야 40년을 지나는 동안 매일 이슬이 내
렸다는 이야기다.

1년 365일 이슬이 내리는 곳은 없다. 이스라엘의 네게브 광야
도 1년에 200일 정도 이슬이 내린다. 그러나 하나님은 이스라엘

백성들이 지나는 광야에 매일 이슬을 내려 주셨다.

홍해가 갈라진 것만 기적이 아니다. 바위에서 생수가 쏟아져 나온 것만 기적이 아니다. 안식일을 제외하고 매일, 하루도 빼놓지 않고 이슬을 내려 주신 것도 크고 놀라운 은혜와 기적이 아닐 수 없다. 이슬을 내려 주셨기에 매일 아침 만나를 거둘 수 있었고, 40년 동안 하루도 굶지 않을 수 있었다. 그 작은 이슬방울을 통해 하나님은 40년 동안 200만 명의 이스라엘 백성들을 먹여 살리셨던 것이다.

광야에는 비가 내리지 않는 대신 이슬이 내린다. 매일 밤 수억 개의 이슬방울들이 내린다. 그것이 사막을 살린다. 사막의 모든 생물들은 이슬을 마시고 하루하루를 살아간다. 이슬 때문에 사막에 생물이 살 수 있는 것이다. 이스라엘 백성도 이슬 때문에 40년간 광야에서 살아남을 수 있었다.

출애굽 당시 이스라엘 백성들은 금은보화를 잔뜩 가지고 나왔다. 뿐만 아니라 성경은 "수많은 잡족과 양과 소와 심히 많은 가축이 그들과 함께하였으며"(출 12:38)라고 말한다. 이스라엘 백성들은 40년 광야를 지나 가나안에 들어갈 때까지 양을 치면서 살았다. 이스라엘 백성들이 시내 광야를 통과해 가나안에서 가까운 에돔(오늘날의 요르단 남부) 지역을 지날 때 모세가 에돔 왕에게 이렇게 청했다.

"이스라엘 자손이 이르되 우리가 큰길로만 지나가겠고 우리나 우리 짐승이 당신의 물을 마시면 그 값을 낼 것이라 우리가 도보로 지나갈 뿐인즉 아무 일도 없으리이다"(민 20:19).

이스라엘 백성들은 광야 40년 내내 놀고먹지 않았다. 40년 동안 하나님이 내려 주시는 만나와 메추라기만 먹고 살지 않았다. 그들은 농사를 짓지는 못했지만 양을 키웠다. 물도 없고 풀도 없는 광야에서 어떻게 양을 칠 수 있었을까? 그것은 이슬 때문에 가능했다.

광야의 양들은 이슬을 먹고 산다. 아침에 몇 방울의 이슬을 핥아먹고 하루를 버틴다. 다행히 양은 물을 많이 마시지 않아도 잘 견디는 짐승이다. 하나님이 매일 아침마다 이슬을 내려 주셨기에 이스라엘 백성들은 수십만 마리의 양들을 40년 동안 광야에서 키울 수 있었다. 그랬기 때문에 이스라엘 백성들은 광야에서도 매일 아침 신선한 우유를 마실 수 있었다. 양이 죽으면 그 고기를 먹었고, 털로는 옷을 해 입었으며, 장막을 만들었다. 가죽으로는 물부대나 신발을 만들어 신었다. 뼈는 연장으로 만들어 사용했다. 이슬 때문에 광야에서 양이 살 수 있었으며, 광야에서 양을 칠 수 있었기 때문에 이스라엘 백성이 40년 동안 광야에서 살아갈 수 있었던 것이다.

양 하면 떠오르는 이미지는 푸른 풀밭이다.

"그가 나를 푸른 풀밭에 누이시며 쉴 만한 물가로 인도하시는 도다"(시 23:2).

그런데 모든 양이 우리가 상상하듯 쉴 만한 물가에서 마음껏 물을 마시며, 시원한 그늘 아래 목자의 피리 소리를 들으면서 살아가는 것은 아니다. 성경에 나오는 양들은 광야에서 살아간다. 그렇다면 광야에 푸른 풀밭은 어디 있는 것일까?

'푸른 풀밭'으로 번역된 히브리어는 데쉐(deshe)다. 이 단어는 다른 구절들에서는 '연한 풀', '새 풀', '새로 돋아난 풀' 등으로 번역되었다(신 32:2, 삼하 23:4, 잠 27:25). '푸른'이라는 뜻이 전혀 들어 있지 않다.

광야의 양들은 뉴질랜드의 양들처럼 푸른 초원 위에서 마음껏 꼴을 뜯어먹을 수가 없다. 그들은 '새 풀', '연한 풀', '새로 돋아난 풀'을 먹는다. 수북이 자란 풀을 배불리 먹는 것이 아니라 간밤에 내린 이슬을 먹고 자란 풀들을 먹는다. 이슬을 먹고 겨우 쏙 내민 새싹을 양들이 뜯어먹는 것이다. 이처럼 광야의 양들이 살아갈 수 있는 이유는 이슬 때문이다.

광야를 지나면서 '푸른 풀밭과 쉴 만한 물가'를 기대해선 안 된다. 광야를 지날 때는 이슬 같이 내려 주시는 은혜에도 감사해야 한다. 광야를 지나면서 장맛비를 기대해서는 안 된다. 날마다 내려 주시는 이슬에 만족해야 한다. 이슬 같은 은혜와 축복만으로도 광야에서 충분히 버텨 낼 수 있다.

비만큼 귀한 이슬방울

우리는 비는 귀하게 여기지만 이슬은 귀하게 여기지 않는다. 그러나 반 이상이 광야인 땅에서 살아가는 이스라엘 사람들은 이슬을 비처럼 귀하게 여긴다. 개역한글 성경에는 엘리야 시대에 하나님이 하늘 문을 닫으시고 '우로'가 있지 않게 하셨다고 기록되어 있다(왕상 17:1). '우로'는 비와 이슬을 말한다. 개역개정 성경은 이 한자어를 풀어서 이렇게 옮겼다.

> "내 말이 없으면 수 년 동안 비도 이슬도 있지 아니하리라 하니라"(왕상 17:1).

그런데 히브리 원문에는 '비와 이슬'이 아니라 '이슬과 비'로 되어 있다. 모든 영어성경에도 마찬가지다. 같은 표현이 사무엘하 1장 21절에도 나온다. 그곳에는 '이슬과 비'로 번역되어 있다.

> "길보아 산들아 너희 위에 이슬과 비가 내리지 아니하며 제물 낼 밭도 없을지어다"(삼하 1:21).

'우로'는 한국적 표현이다. 한국에서는 이슬보다는 당연히 비가 앞에 나와야 한다. 이슬과 비를 비교할 수가 없다. 이슬은 내려도 그만, 안 내려도 그만이지만 비는 그렇지 않다. 그래서 '비와 이슬'이라고 표현한 것이다.

그러나 이스라엘에서는 그렇지 않다. 이스라엘은 겨울에 비가 온다. 11월부터 2월까지가 우기다. 그때 오는 비로 보리와 밀 농사를 짓는다. 3월로 접어들면서 10월까지는 건기로, 비가 거의 오지 않는다.

이스라엘은 과일 농사로 유명하다. 무화과, 대추야자, 올리브, 포도, 석류는 여름 작물에 속한다. 비 한 방울 내리지 않는 여름에 어떻게 과일 농사가 잘될 수 있는 것일까? 이슬 때문이다. 이스라엘에서 나는 과일은 달기로 유명하다. 과일들이 익어 가는 여름 동안 밤새 내리는 이슬 덕분이다.

이스라엘에서는 여름에 이슬이 내리지 않으면 과일 농사가 다 망한다. 이슬이 내리지 않으면 "비록 무화과나무가 무성하지 못하며 포도나무에 열매가 없으며 감람나무에 소출이 없으며 밭에 먹을 것이 없으며"(합 3:17)라는 하박국 선지자의 고백처럼 된다. 이어지는 고백을 보자.

"우리에 양이 … 없을지라도"(합 3:17).

여름에 이슬이 내리지 않으면 과일 농사만 망하는 것이 아니라 양도 다 죽고 만다. 양은 이슬을 먹고 살기 때문이다. 그뿐 아니라 이슬이 내리지 않으면 풀이 자라지 않아 양들이 먹을 꼴이 없게 된다. 우리는 보통 엘리야 시대에 하나님이 하늘 문을 닫으시고 3년 6개월 동안 비를 내려 주시지 않았다고 생각한다. 그러나 비뿐만 아니라 이슬도 안 내려 주셨다.

우리가 생각하는 것처럼 비만 안 내려 주셨다면 겨울 농사만 못 지었을 것이다. 보리와 밀 농사는 흉년이 들었겠지만, 여름 농사를 짓는 데는 아무 문제가 없었을 것이다. 무화과, 올리브, 석류, 대추야자, 포도 같은 과일을 풍성하게 거둬들였을 것이다. 그런데 하나님은 이슬과 비 둘 다 내려 주시지 않았다. 겨울 농사도, 여름 농사도 못 짓게 하셨던 것이다.

이스라엘에서는 이슬이 비 못지않게 중요하다. 따라서 성경은 하나님이 이스라엘에게 비와 같은 존재가 아니라 이슬 같은 존재가 되어 주신다고 말한다.

> "내가 이스라엘에게 이슬과 같으리니 그가 백합화같이 피겠고 레바논 백향목같이 뿌리가 박힐 것이라 그의 가지는 퍼지며 그의 아름다움은 감람나무와 같고 그의 향기는 레바논 백향목 같으리니 그 그늘 아래에 거주하는 자가 돌아올지라 그들은 곡식같이 풍성할 것이며 포도나무같이 꽃이 필 것이며 그 향기는 레

바논의 포도주같이 되리라"(호 14:5-7).

은밀히 적시는 이슬 같은 은혜

인생을 살다 보면 하나님이 소낙비 같은 은혜를 내려 주실 때가 있는가 하면(겔 34:26), 이슬 같은 은혜를 내려 주실 때도 있다. 우리는 보통 장맛비처럼 내리는 특별한 은혜, 특별한 축복을 원한다. 큰비가 와야 식물들이 무럭무럭 자랄 수 있다. 그러나 한두 번 큰비가 내렸다고 해서 다 해결되는 것은 아니다.

이 곳 달라스는 한국과 반대로 겨울에 비가 많이 오고 여름에는 거의 비가 오지 않는다. 여름에는 보통 38도에서 40도까지 올라간다. 그러니 산천초목들이 얼마나 목이 마르겠는가?

그런데 가물고 무더운 여름에도 나무들이 푸르고, 잘 자란다. 꽃들을 활짝 피운다. 그 이유는 이슬 때문이다. 지난 겨울에 내린 비 때문이 아니라, 지난 밤 내린 이슬 때문에 나무들이 쑥쑥 자라고, 꽃들이 활짝 피고, 과일들이 맛있게 익어 가는 것이다.

예수님은 들에 핀 백합화를 보라고 하셨다. 어떻게 자라는지, 어떻게 그토록 예쁜 꽃을 피우는지 보라고 하셨다. 들의 백합화는 매일 아침 이슬을 먹고 자란다. 이슬을 먹고 꽃을 피운다.

"내가 이스라엘에게 이슬과 같으리니 그가 백합화같이 피겠고 레바논 백향목같이 뿌리가 박힐 것이라"(호 14:5).

백합은 이슬을 먹고 꽃을 피우고, 레바논의 백향목은 이슬을 먹고 쑥쑥 자란다. 우리의 인생도 마찬가지다. 날마다 베풀어 주시는 하나님의 이슬 같은 은혜로 살아가는 것이다. 그런데 우리는 장맛비 같은 은혜와 축복을 퍼부어 주셔야만 흡족해한다. "은혜 한탕주의"를 바라는 것이다. 대박이 터지듯이 어느 날 왕창 은혜 받고, 성령의 불을 받으면 달라질 것이라고 생각하는 사람들이 있다. 마치 로또에 당첨되듯이 말이다. 그러나 그런 일은 기대하지 않는 것이 좋다.

이슬은 밤에만 내린다. 인생의 어두운 밤을 지날 때 하나님은 우리에게 이슬 같은 은혜를 내려 주신다. 비는 하늘에서 요란하게 내린다. 그러나 이슬은 소리 없이 내린다. 언제 내리는지도 모르게 내린다. 하나님의 은혜도 이슬 같아서 우리도 모르는 사이에 임한다. 하나님은 은밀한 중에 우리에게 은혜를 베풀어 주신다.

비와는 달리 이슬은 거의 매일 내린다. 장맛비처럼 며칠 쏟아지고 마는 것이 아니다. 하나님의 은혜도 이와 같다. 항상 변함없이 은혜를 내려 주신다. 새벽에 이슬이 내릴 때는 모르지만 아침에 보면 이슬이 흠뻑 내린 것을 알 수 있다. 하나님의 은혜와 축복도 임할 때는 모르지만 나중에 깨닫게 되는 경우가 종종 있다.

하나님은 날마다 은혜를 내려 주신다. 새벽에 기도할 때마다 내려 주시는 은혜 때문에 하루하루를 살아간다. 매일 말씀을 묵상할 때마다 내려 주시는 이슬 같은 은혜로 살아간다. 주일마다 말씀을 통해 주시는 이슬 같은 은혜로 살아간다. 부흥회 때 장맛비와 같은 은혜를 받는 것도 중요하지만 더 중요한 것은 날마다 은혜를 받는 것이다.

이슬이 스며들어야 한다

우리는 비가 내려야 직성이 풀린다. 이슬은 감질난다. 하나님이 은혜를 내려 주셔도 한꺼번에 왕창 부어 주셔야 은혜 받은 것처럼 생각한다.

예수님은 십자가를 앞에 두고 겟세마네 동산에서 밤늦도록 기도하셨다. 3월경이었으니 싸늘한 날씨였을 것이다. 아마도 기도하시는 예수님의 겉옷 위로 밤이슬이 흠뻑 내렸을 것이다. "밤이슬에 옷 젖는 줄 모른다"는 말도 있지 않은가? 기드온의 양털 이야기에도 그런 장면이 나온다.

> "이튿날 기드온이 일찍이 일어나서 양털을 가져다가 그 양털에서 이슬을 짜니 물이 그릇에 가득하더라"(삿 6:38).

예수님은 새벽마다 홀로 한적한 곳에 나가 기도하셨다. 새벽 이슬이 아직 풀잎에 맺혀 있을 때 기도하셨다. 새벽 이슬을 맞으면서 기도하셨다. 우리가 새벽에 기도할 때 하나님의 은혜가 이슬 같이 우리에게 임할 것이다. 새벽마다 기도하면 이슬 같이 내려 주시는 하나님의 은혜가 우리 영혼의 옷을 흠뻑 적실 것이다. 1년, 5년, 10년, 계속해서 기도하다 보면 우리 영혼 속으로 스며든 이슬 같은 은혜가 마침내 우리 안에서 생수의 강을 이룰 것이다.

> "나를 믿는 자는 성경에 이름과 같이 그 배에서 생수의 강이 흘러나오리라"(요 7:38).

이스라엘에는 샘이 없다. 지반이 연한 석회암으로 이루어져 있어서 비가 와도 땅속으로 스며들지 못하고 다 흘러가 버리고 만다. 그래서 샘이 있는 동네에 '샘골'(에인)이라는 이름이 붙을 정도로 샘이 귀하다. 이스라엘 사람들은 샘에서 솟아나오는 생수 대신 웅덩이에 모아 놓은 고인 물을 마셔야 한다. 은혜도 마찬가지다. 하나님이 은혜를 주셔도 그냥 흘러가 버리고 말면 아무 소용이 없다. 내 안으로 스며들어야 은혜의 강을 이룬다.

설교를 들을 때 한쪽 귀로 듣고 한쪽 귀로 흘려버릴 때가 얼마나 많은가? 수많은 세월 동안 들어 온 말씀이 흘러가 버리지 않고 우리 안으로 스며들었다면 지금쯤 우리 안에는 엄청난 생수의 강이 흐르고 있을 것이다. 지금 우리 안에 생수의 강이 흘러넘치고 있는가? 비가 오면 잠깐 물이 흐르다가 이내 말라 버리고 마는 광야의 와디(Wadi)와 같지 않은가?

사람들은 영화를 보고 나올 때나 예배를 드리고 나올 때나 다를 것이 없다고 한다. 영화를 보고 감동을 받기는 하지만 변화되는 사람은 많지 않다. 예배드릴 때 은혜를 받기는 하지만 나오는 순간 다 잊어버린다. 은혜가 흘러가 버리고 만 것이다.

이스라엘 광야에서는 갑자기 홍수가 날 때가 있다. 하늘은 푸르고 햇볕이 쨍쨍 내리쬐며, 비 한 방울 내리지 않는데 홍수가 난다. 어떻게 된 일일까? 북쪽 갈릴리에서 비가 내리면 그 물이 땅속으로 스며들지 않고 다 남쪽 광야로 흘러가 버리고 만다. 그래서 엉뚱하게도 며칠 후에 네게브 광야에서 홍수가 나는 것이다.

하나님이 우리에게 은혜를 주실 때 은혜가 흘러가 버리도록 해서는 안 된다. 내 안으로 스며들게 해야 한다. 하나님이 복을 주실 때 그 복이 흘러가 버리도록 해서는 안 된다. 하나님이 주시는 복을 누려야 한다. 마치 터진 웅덩이처럼 하나님이 주시는 은혜와 복이 새어 나가게 해서는 안 된다. 우리 안에 스며들게 해야 한다. 그래야 우리 안에서 생수의 강이 흘러넘치게 되고, 광야와 같은 인생을 살아도 우리의 영혼이 목마르지 않을 것이다.

이슬처럼 낮은 자리에서 겸손하라

사막에 사는 여우는 바위에 맺힌 이슬을 핥아먹고 산다. 개구리는 머리와 눈 근처에 내린 이슬을 두 손으로 씻어서 핥아먹는다. 뱀은 제 몸을 굽혀 돌려서 등에 내린 이슬을 핥아먹는다. 그러면 입이 등에 닿지 않는 풍뎅이는 어떻게 이슬을 먹을까? 풍뎅이는 자기의 몸에 내린 이슬을 먹기 위해 머리를 땅으로 낮게 내린다. 내릴 수 있는 데까지 최대한 낮춘다. 그리고 가만히 기다린다. 그러면 등에 맺혀 있던 이슬이 머리 쪽으로 또르르 굴러 내려온다. 그러면 그것을 쏙 빨아먹는다.

가장 겸손한 사람은 작은 것에 대해서도 진심으로 감사하는 사람이다. 비록 소낙비 같은 은혜가 아니더라도, 이슬 같이 내려 주시는 은혜에 감사하는 사람, 부스러기 같은 은혜라도 사모하는 사람이야말로 진정 겸손한 사람이다.

겸손한 사람은 이슬 같이 내려 주시는 은혜도 귀하고 감사하게 여긴다. 가나안 여인이 구했던 것처럼 부스러기 은혜라도 좋사오니 긍휼히 여겨 달라고 간청한다. 우리는 하나님이 왕창 은혜를 부어 주시고 축복을 장맛비처럼 쏟아부어 주셔야만 "할렐루야"한다. 그러나 겸손한 자는 이슬 같은 은혜에도 감사할 줄 안다. 인생의 광야를 지날 때는 이슬 같은 은혜만 내려 주셔도 감사해야 한다.

광야를 지날 때는 이슬 같이
내려 주시는 은혜에도 감사해야 한다. 광야를 지나면서
장맛비를 기대해서는 안 된다. 날마다 내려 주시는
이슬에 만족해야 한다. 이슬 같은
은혜와 축복만으로도 광야에서
충분히 버텨 낼 수 있다.

12

싯딤나무

견딤의

은혜로

광야를

통과하라

◇◇◇◇◇◇◇

모든 살아 있는 것들은
무엇인가를 견뎌 내며 살아가고 있다.
광야와 같은 인생을 살아가는 우리에게
가장 필요한 것은 견딤의 은혜다.
견딜 수 있는 힘을 공급받는 것이다.
견뎌 내는 사람만이 가나안에 들어갈 수 있다.

◇◇◇◇◇◇◇

버텨 내는 것이 살아남는 것이다

남몰래 서러운 세월은 가고
물결은 천 번 만 번 밀려오는데
못 견디게 그리운 아득한 저 육지를
바라보다 검게 타 버린 검게 타 버린
흑산도 아가씨.

남몰래 사랑하던 사람이 서울로 떠나 버렸다. 흑산도 아가씨는
바다가 길을 막아 가고파도 갈 수가 없다. 그래서 마음이 시커멓
게 타 버렸다. 이미자 씨가 부른 '흑산도 아가씨'다. 우리 어머니
들이 즐겨 부르던 노래다.

미국 서부에 가면 레드우드라는 나무가 많다. 꼿꼿하게 일직선

으로 자라는 나무인데, 키가 30-50미터 정도 된다. 100미터가 넘는 나무도 있다. 어른 10명이 팔을 벌리고 나무를 감싸 안아도 모자랄 정도로 크다. 레드우드는 군락을 이루고 있는데, 보통 몇 백 년 이상 끄떡없이 산다. 500년, 1천 년 된 나무도 수두룩하다.

이 나무들을 보면 한결 같이 나무 밑동이 시커멓게 그을려 있고, 큰 구멍이 나 있다. 어떤 구멍은 20명 넘게 들어갈 정도로 크다. 벼락을 맞아서 나무가 불에 탄 것이다. 그런데도 그 장구한 세월을 버티고 서 있다. 우리도 여러 가지 시련을 겪으면서 레드우드처럼, 흑산도 아가씨처럼 속이 시커멓게 탔을 것이다. 그러나 우리 역시 모든 시련을 이겨 내고 꿋꿋하게 살아가고 있다.

광야에 사는 모든 생명들은 살아남는 것이 목표다. 살아남기 위해 그들이 하는 일은 버텨 내는 것이다. 버텨 내면 사는 것이고, 그렇지 못하면 죽는다. 버텨 내기 위해, 견뎌 내기 위해 안간힘을 다해 살아간다. 이 세상을 살아가는 우리와 닮은 꼴이다.

광야를 지날 수 있는 힘

가롯 유다는 예수님께 입맞춤을 하고 그분을 넘겨주었다. 그때부터 예수님은 광야로 들어가셨다. 버려짐의 광야, 배신의 광야, 모욕의 광야, 굴욕의 광야, 고독의 광야, 침묵의 광야, 고난의 광야, 두려움의 광야, 죽음의 광야, 무덤의 광야… 예수님은 가롯 유다의 배신을 통해 광야로 들어서셨다. 겟세마네 동산에서 밤을 새워 가며 두려움과 공포에 떨며 기도하셨다.

"내 마음이 심히 고민하여 죽게 되었으니"(막 14:34).

예수님이 십자가에 달리자 제자들은 그를 버리고 다 도망갔다. 그때 예수님은 광야의 체험을 하셨다. "하나님, 왜 날 버리셨습니까?" 하고 외치시면서 십자가에서 하나님께 버림 받는 광야의 체험을 하셨다. 또한 예수님은 죽음으로써 광야의 체험을 하셨다. 무덤에 사흘간 계시면서 광야의 체험을 하셨다.

예수님은 광야를 어떻게 이기셨는가? 광야 체험을 하실 때 예수님은 이전과는 전혀 다른 방식으로 행동하셨다. 시키는 대로 하셨다. 갖은 치욕과 굴욕, 부끄러움을 당하셨다. 한 번도 반항하거나 거부하지 않으시고 다 받아들이셨다. 침을 뱉을 때도 가만히 계셨고, 모욕을 당할 때도 가만히 계셨다. 끌고 갈 때도, 십자가에 못 박힐 때도 가만히 계셨다. 저항하거나 뿌리치지 않으셨다.

그런데 놀랍게도 예수님의 구원 사역은 이런 방식으로 완성되었다. 예수님은 잠잠히 계심으로 그리고 자신에게 주어진 모든 고난을 받아들이심으로 구원의 사역을 완성하셨다. 무엇을 새롭게 뒤집어엎으심으로 완성하신 것이 아니라 자신에게 주어진 멸시, 천대, 굴욕, 십자가, 고난과 죽음을 그대로 받아들임으로써 구원을 완성하셨다. 다 받아들이시고, 끝까지 참고 견디심으로 완성하셨다.

때로는 수동적이긴 하지만 주어진 현실을 인정하고 받아들이고 참고 견디며 기도하는 것이 광야를 통과하는 가장 좋은 방법일 수 있다. 예수님도 그런 식으로 광야를 통과해 부활이라는 가나안에 들어가셨다.

예수님은 광야에 들어서셨을 때 "이 잔을 내게서 옮기시옵소서"라고 기도하셨다. 죽음의 잔, 고통의 잔을 옮겨 달라고 세 번씩이나 피땀 흘리며, 찬이슬을 맞으면서 밤늦도록 기도하셨다. 그러나 하나님은 그 잔을 옮겨 주시지 않았다. 그냥 광야로 들어가게 하셨다. 다만 그 잔을 마실 수 있는 힘을 주셨다. 광야로 들여보내시되 광야를 지날 힘을 주셨던 것이다.

우리도 문제를 놓고 기도한다. 기도 응답은 둘 중 하나다. 문제를 해결해 주시거나 문제를 감당할 수 있는 힘을 주시는 것이다. 죽음을 앞에 놓고 두려움과 공포에 떨면서 기도하신 예수님은 기도를 마치자 담대하게 죽음을 향해 나아가 십자가를 지셨다. 우리가 기도할 때 하나님은 견딜 수 있는 힘을 주신다. 감당할 수 있는 힘을 주신다. 광야를 지나는 사람에게는 무엇보다 견딤의 은혜가 필요하다.

시련이 만드는 인생의 마디

봄은 꽃을 피우는 계절이고, 여름은 무성하게 자라는 계절이며, 가을은 풍성하게 열매를 맺는 계절이다. 그러면 겨울은 어떤가? 겨울은 조용히 침묵하는 계절, 참고 견디는 계절이다. 버텨 내는 계절인 겨울이 있기에 봄에 꽃을 피울 수 있는 것이고, 여름에 무럭무럭 자랄 수 있는 것이고, 가을에 열매를 맺을 수 있는 것이다. 모든 살아 있는 것은 견뎌 냈기 때문에 존재한다. 비바람, 추위, 풍상을 견뎌 냈기에 의연하게 서 있는 것이다.

겨울이 없으면 봄은 오지 않는다. 겨울은 자신을 드러내지 않고 감춘다. 그러나 봄은 꽃을 피우며 세상에 자신을 활짝 드러낸다. 그러나 꽃을 피운 것은 봄뿐만이 아니다. 겨울도 내내 봄에 피울 꽃을 준비하고 있다. 한 알의 씨앗은 땅속에 묻혀 한겨울을 지나고 나서야 마침내 싹을 틔우고 열매를 맺는다. 우리 인생도 마찬가지다. 고통스럽고 힘들지만 땅속 깊이 묻혀서 한겨울을 지내고 나면 봄이 오고, 꽃이 피고, 열매를 맺는다.

겨울철에 조금 따듯하다고 해서 고개를 쏙 내밀고 싹을 틔우는 식물들이 있다. 그러면 얼어 죽는다. 겨울에는 죽었다 생각하고 땅속에서 인고의 세월을 보내며 봄을 기다려야 한다. 답답하다고 고개를 내밀어서는 안 된다.

우리 역시 인생의 어두운 밤을 잘 참고 견뎌 내면 하나님이 새로운 아침을 가져다주실 것이다. 인생의 추운 겨울을 잘 참고 견녀 내면 하나님이 곧 인생의 봄을 맞이하게 하실 것이다.

달라스에 있는 한 건물 안에 50년 된 나무가 있다. 이 나무는 50년 동안 비바람을 맞지 않고 실내에서만 자랐다. 최적의 온도와 충분한 햇빛, 수분을 공급받고 50년이라는 세월을 온실 속에서만 자랐다. 대개 나무는 밑동이 굵고 위로 올라갈수록 가늘다. 그런데 이 나무는 위아래 굵기가 거의 일정하고 가지들이 힘이 없어서 축축 처져 있다. 그래서 여기저기 줄로 매 고정해 놓았다. 바람을 맞지 않고 자라서 자기 몸 하나 가눌 수 있는 힘조차 없는 것이다. 나무는 바람을 맞으면 맞을수록 뿌리를 깊이 내리고 가지가 튼튼해진다. 바람을 견뎌 내려고 노력하다 보니까 강해지는 것이다.

1천도에서 구워진 도자기는 1천도의 열이 가해질 때 버틸 수 있다. 그러나 1천3백도의 열을 가하면 견디다 못해 깨지고 만다. 반면에 1천5백도에서 구워진 도자기는 1천3백도의 열을 가해도 끄떡없다. 이미 1천5백도의 열을 견뎌 냈기 때문이다. 어떤 사람은 1천도의 고난이 주어져도 넉넉히 이겨 내는데, 어떤 사람은 5백도의 고난이 주어져도 깨지고 만다. 만약 하나님이 우리로 하여금 1천도가 넘는 고난의 용광로를 통과하게 하셨다면 이후에 5백도, 7백도, 8백도의 고난이 주어지더라도 넉넉히 감당해 낼 수 있을 것이다.

겨울이 되면 보리밭을 밟아 준다. 더 강하게 자라라고 눌러 주는 것이다. 고난을 이겨 내기 위해 안간힘을 쓰는 가운데 더 강해지는 것이다. 하나님도 우리를 꾹꾹 밟으실 때가 있다. 우리를 더 강하게 하시기 위해서다.

권투 선수는 잘 때려야 하지만, 또 잘 맞아야 한다. KO 펀치를 날려서 한 방에 상대방을 이길 때도 있지만, 항상 그렇지는 않다. 상대방에게 계속 맞고 있는데도 결국에는 이기는 경우가 있다. 계속 맞으면서도 끄떡하지 않는 것이다. 그러면 때리는 선수가 힘이 빠져 한 대 얻어맞고 쓰러져 못 일어난다. 그래서 권투 선수에게는 맞는 연습 또한 때리는 연습 못지 않게 중요하다. 맞으면서 맷집을 키울 수 있기 때문이다. 어떻게 보면 권투는 누가 더 잘 견디느냐의 싸움이다.

누가 한마디만 하면 시험에 들고, 실족하고 넘어지는 사람들이 있다. 반면에 누가 뭐라고 해도 끄떡하지 않는 사람들이 있다. 여간해서는 시험에 들지 않고, 어떤 시험이 와도 잘 이겨 낸다. 이처럼 믿음의 맷집을 키워야 한다. 사탄이 계속해서 펀치를 날려도 끄떡하지 않을 믿음의 맷집을 키워야 한다.

가느다랗고 긴 대나무는 세찬 바람에도 쓰러지지 않는다. 사이 사이에 나 있는 마디가 대나무를 지탱해 주기 때문이다. 그 마디를 형성하기 위해 대나무는 성장을 잠시 멈춘다. 멈추어 굵은 마디를 만든 다음 다시 큰다. 한 번에 쭉 크는 것이 아니라 주기적으로 성장을 멈추어 마디를 만든다. 마디가 없다면 미끈하고 멋있을 수는 있겠지만 바람에 버티기는 힘들 것이다. 겨울에 눈이 많이 내리면 보통 다른 나무들은 그 무게를 이기지 못하고 나뭇가지가 휘거나 부러진다. 그런데 대나무는 결코 부러지지 않는다. 대나무의 마디들이 지탱해 주기 때문이다. 대나무를 위기에서 버티게 해 주는 것은 다름 아닌 대나무의 마디들이다.

우리 인생도 마찬가지다. 시련과 고통과 연단을 통해 인생의 마디가 만들어지고, 그로 인해 우리 인생이 더욱더 강해지는 것이다. 예를 들어, 대학 입시에서 떨어졌다고 하자. 그러면 남보다 1-2년 늦어진다. 그러나 그 시기에 대나무처럼 인생의 굵은 마디를 만들면 더 강해질 수 있다. 군대는 참고 견뎌야 하는 시간이다. 그 시기는 대나무의 마디를 만드는 시기다. 실직, 이혼, 질병, 가난, 고통, 실패 등 고난은 우리 인생에 마디를 만들어 우리를 더욱더 강하게 해준다.

마디가 많으면 많을수록 나무는 더 강해지는 법이다. 그런데 우리는 키가 큰 나무만 되기를 원한다. 계속 자라기만 하면 언젠가 강한 바람이 불 때 부러지고 말 것이다. 중간중간 인생의 마디가 있어야 단단히 버틸 수 있다. 어려움이 닥칠 때, 시련이나 고통이 임할 때, '하나님이 또 하나의 마디를 만들어 주시는구나' 하고 생각하라. 길게 보면 이런 시련들이 우리의 인생을 더 견고하게 만드는 마디가 될 것이다.

모든 시련은 언젠가 끝난다

사사 시대에 베들레헴에 10년 동안 기근이 있었다. 룻기는 그 기근을 견디지 못하고 베들레헴을 떠난 한 가정의 이야기다. 그런데 10년 기근 동안 베들레헴을 떠나지 않고 참고 견뎌 낸 사람들이 있다. 이름을 알 수 없는 그들이야말로 룻기의 진정한 주인공이나. 그들은 어떻게 그 고난을 견뎌 냈을까? 성경에 나오지는 않지만 분명히 기도하면서 견뎌 냈을 것이다. 얼마나 기도했는가? 장장 10년이다. 10년 기도했더니 마침내 하나님이 하늘 문을 여시고 비를 내려 주셨다. 힘든 기근 가운데서도 베들레헴을 떠나지 않고 기도하면서 잘 참고 견뎌 낸 그들에게 마침내 하나님이 축복의 비를 내려 주셨다. 기근이 끝났다. 닫혔던 하늘 문이 활짝 열렸다.

> "여호와께서 자기 백성을 돌보시사 그들에게 양식을 주셨다 함을 듣고"(룻 1:6).

이 번역은 너무 밋밋하다. 히브리 원문에는 "하나님이 자기 백성에게 양식을 주시기 위해 방문하셨다(paqad)"라고 되어 있다. 자기 백성을 '돌보시사'가 아니라 자기 백성을 '찾아가셔서' 그들에게 양식을 주셨다는 것이다. 하나님이 그들을 찾아가시자 기근과 흉년이 끝났다.

하나님이 언제 그들을 찾아오셨는가? 10년 동안 흉년이 계속되었지만 참고 견디며 기도하고 있을 때 찾아오셨다. 10년 동안 참고 또 참고 기도하며 기다렸더니 하나님이 마침내 찾아오셨던 것이다. 어떤 때는 한 달 만에 기도 응답이 올 수도 있지만 1년, 3년, 5년 기도했는데도 응답이 없을 수 있다. 우리에게는 앞으로 많은 어려움이 다가올 것이다. 하나님이 침묵하실 때가 있을 것이다. 그때 참고 기다리며 더 기도해야 한다. 잘 참고 견디면 언젠가 하나님이 응답해 주실 것이다.

모든 살아 있는 것들은 무엇인가를 견뎌 내며 살아가고 있다. 다 나름대로 힘들게 견디면서 생존한다. 광야와 같은 인생을 살아가고 있는 우리에게 가장 필요한 것은 견딤의 은혜다. 견딜 수 있는 힘을 공급받는 것이다. 견뎌 내는 사람만이 가나안에 들어갈 수 있다.

인생의 겨울이 다가오더라도 잘 참고 기도하면서 기다리라. 하나님이 곧 새봄을 가져다주실 것이다. 하나님이 침묵을 지키실 때 잘 참고 견뎌 내면 마침내 응답해 주실 것이다. 인생의 흉년이 다가올 때 잘 참고 견디면 하나님이 반드시 하늘 문을 여시고 비를 내려 주실 것이다. 인생의 어두운 밤을 지날 때 잘 참고 견디면 하나님이 곧 새 아침을 열어 주실 것이다.

잘 견디는 자만이 하나님께 쓰임 받는다

조개 속에 모래 같은 이물질이 들어가면 연한 조갯살에 상처가 나고 진물이 나온다. 그것이 모래 같은 이물질을 감싼다. 그리고 오랜 시간이 지나면서 굳어진다. 그것이 바로 진주다. 조개는 처음에는 이물질, 즉 자신을 괴롭히는 것을 끊임없이 밀어 내려고 용을 쓰지만 나중에는 포기하고 만다. 그리고 품에 끌어안는다. 현실로 받아들인다. 자신을 괴롭히는 것과 함께 살아가는 법을 배운다. 그 결과물이 진주인 것이다.

상처가 진주가 된다. 상처가 있는 사람만이 아름다운 진주를 만들어 낼 수 있다. 아픔을 견뎌 낸 사람만이 아름다운 진주를 만들어 낼 수 있다. 고통과 시련이 주어질 때 피하려고만 하지 말고 인정하고 받아들이고 함께 살아가는 법을 배워야 한다. 내 것으로 받아들여야 한다. 밀어 내려고만 하지 말고 참고 견뎌야 한다. 그러면 진주가 만들어질 것이다.

LA에 사는 한 목사님이 사과나무 묘목을 뒤뜰에 심었다. 그런데 5년이 지나도 열매를 맺지 않았다. 나중에 알고 보니 캘리포니아에서는 사과가 잘 열리지 않는 것이었다. 사과나무는 시간이 지나면 저절로 열매를 맺는 것이 아니라 뿌리가 땅속에서 영하의 온도로 500시간 이상 지나야 열매를 맺는다고 한다. 캘리포니아는 날씨가 춥지 않기 때문에 5년이 지나도, 10년이 지나도 사과가 열릴 수 없다.

성막의 떡 상, 채, 널판, 분향단은 싯딤나무(조각목)로 만들었다 (레 25:10, 13, 23, 28, 27:1). 법궤도 이 나무로 만들었다. 싯딤나무는 정말 볼품이 없다. 나무가 다 비틀어져 목재로도 사용할 수 없다. 꽃도 피지 못하고 열매도 맺지 못한다. 그늘도 별로 만들어주지 못한다. 광야를 지나다보면 이 나무가 가끔씩 눈에 띈다. 외롭게 광야 한 가운데 한 그루씩 서 있다.

왜 이런 볼품없는 나무를 가지고 법궤를 만들었을까? 광야에는 이 나무밖에 없기 때문이다. 다른 나무는 자라지 못한다. 그렇기 때문에 광야에서 구할 수 있는 나무는 이 나무밖에 없다. 그런데 하나님은 광야를 지나는 이스라엘 백성에게 성막을 만들라고 하셨다. 그러니 별 볼 일 없는 나무지만, 다른 나무가 없으니 이 나무를 가지고 법궤를 만들 수밖에 없었던 것이다. 광야에서 참고 견디며 살아남았더니 하나님께 가장 귀하게 쓰임을 받게 된 것이다.

일본에 호류사라는 절이 있다. 이 절은 1천 년 된 소나무로 지어졌다. 1천 년 된 소나무로 집을 지으니 1천 년이나 건재했다. 1천 년 동안 온갖 풍상을 이기고 버틴 나무니 얼마나 단단하겠는가? 말하자면 살아서 1천 년, 죽어서 1천 년인 것이다. 견딘 만큼 쓰임을 받은 것이다.

모세는 40년간 광야에 묻혀서 이름도 없이 인고의 세월을 보내야만 했다. 장인의 양을 치면서 다 포기하고 광야에 묻혀 살았다. 그렇게 40년이라는 세월을 참고 견디며 살았더니 하나님이 다시 그를 부르셔서 40년간 사용하셨다. 광야에서 보낸 세월만큼 그를 들어 쓰신 것이다. 요셉도 13년 동안 인고의 세월을 견뎌 냈더니 마침내 꿈을 이룰 수 있었다. 참고 견뎌 냈기 때문에 인생의 정상의 자리에 오를 수 있었다. 예수님도 십자가를 견뎌 내셨기 때문에 부활의 영광스런 면류관을 쓰실 수 있었다.

우리도 인생의 광야에서 잘 참고 견디면 하나님께 귀하게 쓰임 받을 수 있을 것이다. 광야에서는 살아남기만 해도 성공하는 것이다. 잘 참고 견디는 자만이 광야를 무사히 통과해서 가나안에 들어갈 수 있을 것이다.

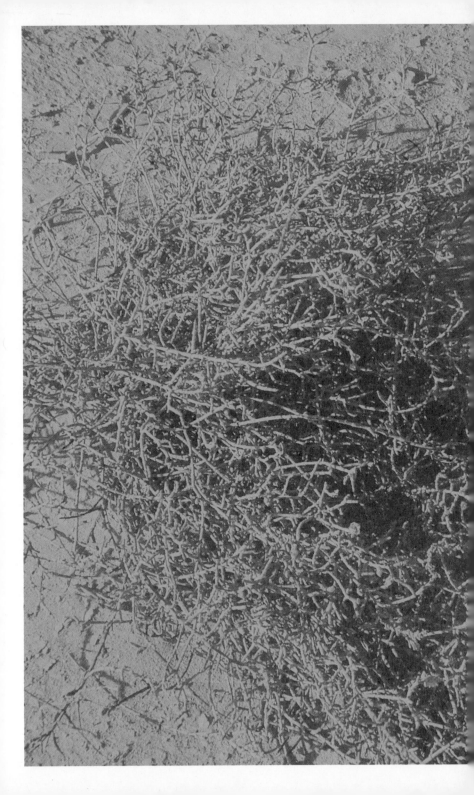

13

떨기나무

광야의

어떤

위협도

우리를

해칠 수 없다

◇◇◇◇◇◇◇

하나님은 불붙은 떨기나무 같이
어떤 상황에서도 우리를 지켜 주실 것이다.
어떤 시련이나 연단, 고통, 위협의 불이
우리를 불사르고 삼키려 해도
하나님은 그 모든 것들로부터 해를 받지 않도록
우리를 지켜 주실 것이다.

◇◇◇◇◇◇◇

불붙은 떨기나무

광야의 떨기나무는 꽃을 피우지 못한다. 잎도 없고 열매도 없고 온통 가시뿐이다. 떨기나무는 살아남기 위해 뜨거운 광야에서 몸부림치는 나무다.

모세가 광야에서 양을 치다가 우연히 고개를 들어 보니 무엇인가 불에 타고 있는 것이 보였다. 그냥 불이 붙었나 보다 생각하고 관심을 두지 않았다. 그런데 얼마 후에 보니 여전히 꺼지지 않고 타고 있었다. 이상하다 싶어 가까이 다가갔다. 가서 보니 떨기나무에 불이 붙어 있었다. 타고 말고 할 것도 없는 나무에 불이 붙어 있었다.

불붙은 떨기나무를 우두커니 바라보던 모세는 자신의 모습을 보았다. 자신의 인생이 바로 떨기나무처럼 보였다. 아무도 돌아보지 않고, 관심 가져 주지 않았다. 아무런 희망도 없다. 광야에서 살아남기 위해 마지못해 하루하루 살아가는 존재가 되고 말았다.

그런데 그런 가련한 나무에 불까지 붙었다. 시련과 고난이 닥친 것이다. 얼마나 비참한 모습인가? 불이 붙었으니 삽시간에 타 버리고 말 것이다. 다 끝난 것이다. 그것이 광야에서 40년 동안 잊힌 존재로 살아온 모세의 모습이었고, 이집트에서 노예생활을 하는 이스라엘 백성들의 모습이었다.

시련이 불처럼 삼키려 할 때

왜 하나님이 불이 붙었으나 타지 않는 떨기나무를 보여 주셨을까? 출애굽의 사명을 맡기시기 위해 모세를 부르신 것인데, 도대체 출애굽과 이 광경이 무슨 관계가 있는 것인가? 차라리 다 죽어가는 떨기나무에 새순이 돋고, 푸른 잎이 자라고, 붉은 꽃을 피우고, 까만 열매를 맺게 하시는 게 더 좋지 않았을까?

불은 모든 것을 소멸한다. 사정없이 다 태우고 삼켜 버린다. 새까만 재만 남긴다. 무서운 파괴력을 갖고 있다. 그런데 지금 떨기나무가 불에 휩싸여 있다.

성경에서 불은 우리가 당하는 시련을 상징한다. "불 같은 시험 많으나 겁내지 맙시다"라는 찬송도 있고, "불 같은 시련을 만나도 두려워하지 말라"는 말씀도 있다. 금이 용광로의 수천 도가 넘는 불꽃을 통과할 때 순수하게 제련되어 나오듯이 우리의 믿음도 시련과 연단을 통해 순수해진다고 성경은 말한다.

우리 주변에는 우리를 불처럼 삼키려는 것들로 가득하다. 불 같은 시험과 시련이 수도 없이 많고, 인생의 용광로 속을 통과할 때도 많다. 떨기나무가 불길에 휩싸인 것처럼 말이다.

이스라엘 백성들은 이집트에서 노예생활을 하며 말할 수 없는 고통을 겪었다. 이집트의 바로가 이스라엘 민족을 없애 버리기 위해 그들을 노예로 삼고, 아들을 낳으면 다 죽이도록 명령했다. 그러나 하나님은 모세에게 말씀하셨다. 이집트가 이스라엘을 멸망시키기 위해 갖은 방법을 다 쓰고 있지만 그렇게 할 수 없을 것이라고 말이다.

"모세야, 이제 내가 이스라엘 백성을 인도해 광야 40년 길을 거쳐 가나안으로 들어가게 할 것이다. 그 과정 속에 수많은 어려움이 있을 것이다. 내 백성을 삼키려는 세력들에 의해 수많은 고통을 겪게 될 것이다. 지금 네가 보고 있듯이 맹렬한 불이 떨기나무를 태워 버리려고 하지만, 보라. 그 나무는 하나도 타지 않고 있다. 마찬가지로 그 누구도, 그 어떤 세력도 내 백성 이스라엘을 해할 수 없다. 그러므로 염려하지 말고 그들을 이끌고 출애굽 하라."

나치 독일은 유대인들을 전멸시키기 위해 600만 명을 가스실로 보내 죽였다. 그러나 하나님은 그 시련 가운데서도 유대인들을 지켜 주셔서 오히려 그 일로 이스라엘이 2천 년 만에 나라를 되찾을 수 있었다. "이스라엘 민족은 소화가 안 되는 민족"이라는 말이 있다. 큰 물고기가 요나를 삼켰다. 그러나 결국은 다시 요나를 토해 냈다. 유대인은 바로 그런 민족이다.

느부갓네살 왕은 금으로 엄청나게 큰 신상을 만들고는 모든 사람들에게 절하게 했다. 그러나 사드락과 메삭과 아벳느고는 절을 하지 않았다. 왕이 크게 노해서 용광로 불을 다른 때보다 7배나 더 세게 하고는 그곳에 그들을 던져 넣었다. 그러나 그들은 머리카락 하나 그을리지 않고 용광로 속에서 살아서 나왔다.

우리도 때로는 불 같은 시험과 연단과 고통을 당할 때가 있다. 이스라엘 백성들이 이집트에서 당한 것과 같은 고통을 당할 수도 있다. 우리의 인생은 가나안을 향해 가는 40년 광야 길이라고 할 수 있다. 광야 길을 가는 우리에게 얼마나 많은 위험과 위협이 도사리고 있겠는가? 다니엘의 세 친구들처럼 시련이라는 용광로 속에 던져질 때도 있을 것이다. 그러나 하나님은 불붙은 떨기나무 같이 어떤 상황에서도 우리를 지켜 주실 것이다. 어떤 시련이나 연단, 고통, 위협의 불이 우리를 불사르고 삼키려 할지라도 하나님이 그 모든 것들로부터 해를 받지 않도록 우리를 지켜 주실 것이다.

"야곱아 너를 창조하신 여호와께서 지금 말씀하시느니라 이스라엘아 너를 지으신 이가 말씀하시느니라 너는 두려워하지 말라 내가 너를 구속하였고 내가 너를 지명하여 불렀나니 너는 내 것이라 네가 물 가운데로 지날 때에 내가 너와 함께할 것이라

강을 건널 때에 물이 너를 침몰하지 못할 것이며 네가 불 가운데로 지날 때에 타지도 아니할 것이요 불꽃이 너를 사르지도 못하리니 대저 나는 여호와 네 하나님이요 이스라엘의 거룩한 이요 네 구원자임이라 … 네가 내 눈에 보배롭고 존귀하며 내가 너를 사랑하였은즉"(사 43:1-4).

14

백합화

은혜의

장대비가

내리면

광야에도

꽃이 핀다

하나님이 하늘 문을 여시고
은혜의 비, 축복의 비를 내려 주시면
광야와 같은 우리 인생도
꽃처럼 활짝 피어나게 될 것이다.

◇◇◇◇◇◇◇

사막도 한 때는 초원이었다

이스라엘은 겨울 내내 비가 오고 2, 3월이 되면 날씨가 따뜻해진다. 그러면 광야에도 꽃이 핀다. 백합화들이 만발한다. 이때가 되면 양들도 행복하고 목자도 행복하다. 어디를 가나 푸른 초장이고 쉴만한 물가이기 때문이다.

그러나 4월쯤 되면 우기가 끝나고 본격적인 여름이 시작된다. 모든 풀들이 시들어버리게 된다. 누렇게 된다. 그러면서 목자나 양이나 고생이 시작된다. 풀을 찾아서 계속 이동해야 하기 때문이다.

광야에도 비가 오면 꽃이 핀다. 이스라엘의 유대 광야만 그런 것이 아니다. 미국의 데스 벨리는 봄에 가면 형형색색의 꽃들이 만발한다. 지천에 꽃들이 깔려있다. 그러나 그것도 잠깐이다. 날이 더위지면서 꽃들이 다 시들어버리고 만다.

사막이 원래부터 사막이었을까? 아니다. 지금 사막의 대부분은 바다이거나 아니면 평원이었다고 한다.

사막은 하층(땅 밑)의 구조와는 아무런 관계가 없다. 사하라에 충분한 비가 내린다면 캔사스에 끝없이 펼쳐진 평원처럼 세계 최대의 곡창 지대가 될 것이다. 반대로 캔사스 평원도 비가 내리지 않으면 사막으로 변하고 말 것이다.

사막에는 비가 전혀 오지 않을까? 아니다. 사막에도 비가 오긴 온다. 하지만 절대 부족하다. 어떤 곳은 15년 또는 20년에 한 번 비가 내리는 곳도 있다.

지구상에서 가장 아름다운 사막은 요르단에 있는 와디 럼(Wadi Rum)이라는 곳이다. 사막 전체가 붉은 산들로 이루어져 있다. 성경에서는 에돔 족속이 살았던 곳이고, 이스라엘 민족이 출애굽 할 때 지나왔던 곳이기도 하다. 그곳에서 그 유명한 영화 〈아라비안 로렌스〉가 촬영되기도 했다. 여러 차례 그곳을 방문했었는데, 그곳은 비가 오는 날이 1년에 열흘도 안 된다.

이런 곳에 사는 식물들을 보면 얼마나 비참하게 사는지 모른다. 비가 내리지 않으니 다 비틀어지고, 가시가 솟아나고, 앙상한 모양을 하고 있다. 죽을 힘을 다해 살아남기 위해 몸부림치는 모습이 역력하다.

비 한방울 내리지 않는 곳에서 몇 년 동안 견디다가 비가 내리면 단 며칠 사이에 싹을 틔우고 열매를 맺어 퍼뜨리고는 죽음을 맞이

하는 식물도 있다. 물이 금방 말라 버리기 때문에 물이 사라지기 전에 모든 것을 다 해치우는 것이다.

사막에서 자라는 식물들은 가시가 많다. 잎이 넓으면 수분 증발이 많아지기 때문이다. 잎의 크기를 줄이다 보니 두껍고 딱딱하게 되어 가시로 변한 것이다. 사막에도 달팽이가 산다. 이 달팽이는 몇 년씩 비를 기다리며 산다. 비 한 번 오기를 몇 년씩 기다리며 살아가는 것이 사막이다.

이집트는 나일 강 주변을 빼놓고는 100퍼센트 사막이다. 그런데 주전 2천 년경까지만 해도 그렇지 않았다. 피라미드에서 발굴된 벽화들에는 숲이 우거지고 바로와 귀족들이 사냥을 하고 있는 장면들이 그려져 있다. 당시에는 그곳이 숲이 우거진 곳이었던 것이다. 그런데 언젠가부터 비가 오지 않기 시작했다. 그렇게 1백 년, 2백 년, 5백 년 비가 오지 않자 사막이 되고 만 것이다. 세계에서 가장 넓은 사하라 사막도 원래부터 사막은 아니었다. 사하라 사막 곳곳에서 발견된 암벽화들에 사냥을 하는 그림들이 그려진 것을 보면, 옛날에 그곳이 초원지대였음을 알 수 있다.

하나님이 비를 내려 주시지 않으면 지금의 초원도 언젠가는 사막이 되어 버리고 말 것이다. 그러나 하나님이 비를 내려 주시면 지금의 사막도 언젠가 푸른 초원이 될 수 있다. 지금 지구는 많은 곳이 건조하여 사막화되어 가고 있다. 그런데 아프리카 같은 곳에서는 그보다 더 넓은 지역이 사막에서 초원으로 바뀌고 있다고

한다. 성경에도 그런 예언들이 종종 나온다.

"나 여호와가 시온의 모든 황폐한 곳들을 위로하여 그 사막을 에덴 같게, 그 광야를 여호와의 동산 같게 하였나니 그 가운데에 기뻐함과 즐거워함과 감사함과 창화하는 소리가 있으리라"(사 51:3).

"그때에 저는 자는 사슴같이 뛸 것이며 말 못하는 자의 혀는 노래하리니 이는 광야에서 물이 솟겠고 사막에서 시내가 흐를 것임이라"(사 35:6).

"여호와께서는 강이 변하여 광야가 되게 하시며 샘이 변하여 마른 땅이 되게 하시며"(시 107:33).

"또 광야가 변하여 못이 되게 하시며 마른 땅이 변하여 샘물이 되게 하시고"(시 107:35).

우리 인생도 마찬가지다. 지금 풍요로운 가나안에 살고 있다 할지라도 하나님이 하늘 문을 닫으시고 축복의 비를 내려 주시지 않으면 광야와 같은 삶을 살게 될 것이고, 지금 광야를 지나고 있다 할지라도 하나님이 단비를 내려 주시면 우리의 인생이 초원으

로 변하게 될 것이다.

사막이 꽃처럼 피어나다

"광야와 메마른 땅이 기뻐하며 사막이 백합화같이 피어 즐거워
하며 무성하게 피어 기쁜 노래로 즐거워하며 레바논의 영광과
갈멜과 사론의 아름다움을 얻을 것이라 그것들이 여호와의 영
광 곧 우리 하나님의 아름다움을 보리로다"(사 35 : 1-2).

광야에도 꽃이 핀다. 봄철에 비가 내린 다음에 사막에 나가 보
면 얼마나 아름다운지 모른다. 갖가지 형형색색으로 사막이 물들
어 있다.

"사막이 백합화같이 피어 즐거워하며 무성하게 피어."

이 말은 단순하게 사막에 꽃이 핀다는 말이 아니다. 메마른 사
막이 꽃처럼 활짝 피어날 것이라는 뜻이다. 꽃봉오리가 열리면서
꽃이 피어나듯이 사막도 그렇게 활짝 피어나게 될 것이라는 뜻이
다. 사막이 살아나게 될 것이라는 뜻이다. 사막이 회복될 것이라
는 뜻이다. 광야와 같은 우리의 삶에 하나님이 하늘 문을 여시고
은혜의 비, 축복의 비를 내려 주시면 광야와 같은 우리 인생도 꽃
처럼 활짝 피어나게 될 것이다.

캘리포니아에 가 보면, 태평양 쪽으로 기름진 평야가 펼쳐져 있다. 그러나 남북을 가로지르는 산맥을 하나만 넘으면 모하비 사막이 펼쳐진다. 완전히 다른 풍경이다. 캘리포니아 서쪽의 기름진 평야지대도 사실은 사막지대였다고 한다. 그런데 그곳에 물을 주고 평야를 만들어 미국 최대의 곡창지대가 된 것이다.

이스라엘은 세계에서 제일가는 농업국이다. 땅도 얼마 되지 않고, 그나마 있는 땅도 반 이상이 광야인데, 어떻게 세계적인 농업국이 될 수 있었을까? 바로 갈릴리 호수 때문이다. 이스라엘 국민의 75퍼센트가 여기서 공급되는 물로 살아가고 있다. 이 호수에서 남쪽 네게브 사막 끝 에일랏까지 실핏줄처럼 파이프가 연결되어 있어서 광야에서도 농사를 지을 수 있다. 유대인들이 광야에서 살아갈 수 있는 것은, 그리고 광야를 푸른 농장으로 바꿀 수 있는 것은 갈릴리 호수에서 공급되는 물 때문이다.

사막을 살리는 단비

신명기 28장을 보면 하나님의 말씀에 순종할 때 하나님이 주시는 복 가운데 하나가 비를 내려 주시는 것임을 알 수 있다.

> "여호와께서 너를 위하여 하늘의 아름다운 보고를 여시사 네 땅에 때를 따라 비를 내리시고"(신 28:12).

반면에 불순종하면 비를 내려 주시지 않는다.

"네 머리 위의 하늘은 놋이 되고 네 아래의 땅은 철이 될 것
이며 여호와께서 비 대신에 티끌과 모래를 네 땅에 내리시리
니"(신 28:23-24).

구약에서 하나님이 내리시는 세 가지 대표적인 징벌이 있다. 전
쟁과 전염병, 그리고 기근이다. 하나님이 우리에게 은혜의 단비,
축복의 단비를 내려 주시면 광야와 같이 황폐한 우리의 삶도 꽃
이 피는 초원으로 변할 수 있고, 하나님이 우리에게 은혜의 단비
를 내려 주시지 않으면 초원과 같은 우리의 삶도 황폐한 광야처
럼 변하고 말 것이다.

"내가 그들에게 복을 내리고 내 산 사방에 복을 내리며 때를 따
라 소낙비를 내리되 복된 소낙비를 내리리라"(겔 34:26).

비를 내리되 어떤 비를 내려 주신다고 했는가? 복된 소낙비이
다! 영어로는 'shower of blessing'(축복의 소나기)이라고 되어
있다. 이는 복을 소낙비처럼 부어 주신다는 것이 아니고, 비 자체
가 복이라는 뜻이다. 유대인들은 비를 축복 그 자체로 여긴다. 비
가 올 것 같으면 우리는 우산을 챙긴다. 그러나 유대인들은 비가

와도 우산을 쓰거나 비를 피할 생각을 하지 않는다. 태연스럽게 비를 맞는다. 비를 하나님이 내려주시는 가장 큰 복이라고 생각하기 때문이다.

구약성경에는 기근에 관한 이야기가 많이 나온다. 아브라함이 가나안에 기근이 들었을 때 이집트로 양식을 구하러 내려갔다. 이삭도 기근을 만났으나 하나님이 이집트로 내려가지 말라는 지시를 받고 그랄 땅에 머물렀다. 야곱의 열한 아들도 양식을 구하기 위해 이집트에 내려갔다가 총리가 된 요셉을 만났다.

왜 기근을 만날 때마다 양식을 구하러 이집트로 내려갔을까? 이집트에는 나일 강이 있어서 사시사철 물이 흐른다. 가뭄이 와도 끄떡없다. 그래서 이집트에는 흉년이 드는 일이 별로 없었다. 반면에 이스라엘의 요단 강은 비가 내리지 않으면 금방 말라 버린다. 그렇게 되면 농사짓는 데 필요한 물을 공급받을 수가 없다. 이처럼 이스라엘은 지리적 요건 상 비가 와야 농사를 지을 수 있었다.

하나님이 그들을 축복하실 때 비를 내려 주시겠다고 하신 약속도 이런 맥락에서 이해할 수 있다. 그리고 이스라엘이 잘못했을 때 하나님은 다른 것이 아니라 비를 내려 주시지 않는 것으로 징벌하셨다. 이 또한 같은 맥락에서 이해할 수 있다.

우리 인생도 마찬가지다. 하나님이 우리에게 하늘 문을 닫아 버리시면 우리 인생은 사막과 같이 되고 만다. 삶이 메마르고 고

단하게 된다. 그러나 하나님이 우리에게 하늘 문을 활짝 열어 주시고 축복의 비를 내려 주시면 광야와 같은 삶에 꽃이 피어나게 된다.

> "이 흘러내리는 물로 그 바다의 물이 되살아나리라 이 강물이 이르는 곳마다 번성하는 모든 생물이 살고 또 고기가 심히 많으리니 이 물이 흘러 들어가므로 바닷물이 되살아나겠고 이 강이 이르는 각처에 모든 것이 살 것이며"(겔 47:8-9).

예루살렘에서 여리고로 내려가다 보면 유대 광야가 펼쳐진다. 에스겔의 환상은 이런 광야에서 일어난 일이다. 예루살렘 성전에서 물이 흘러나와 강을 이루고 그 물이 사해로 흘러들어가는 환상이 펼쳐진 곳이 바로 광야였다. 예루살렘에서 여리고를 거쳐 사해를 가다 보면 유대 광야가 펼쳐진다. 그곳에 물이 흐르자 숲이 생기고, 오아시스가 생겼다. 죽은 광야가 살아난 것이다.

사막을 숲으로 바꾼 중국의 여인 인위쩐에 대한 이야기를 앞에서 한 적이 있다. 사막으로 시집을 간 그녀는 사막을 숲으로 만들기로 결심하고 나무를 심기 시작했다. 누가 봐도 불가능한 일이었지만, 그녀는 꿋꿋이 사막에 구덩이를 파고 묘목을 심고 물을 주었다. 사막을 숲으로 바꾸었다.

에스겔도 환상을 통해 사막이 오아시스로 변하는 것을 보았다.

성전에서 흘러나온 물이 광야로 흘러들어가자 강 좌우편에 나무들이 자라기 시작한다. 나무들이 크게 자라서 잎이 무성하게 되고 열매를 맺는다. 그런데 열매를 1년에 한 번 맺는 것이 아니라 달마다 열매를 맺는다. 그리고 그 잎사귀는 약재로 쓰인다.

이 나무는 광야에 심겨진 나무이다. 광야인데도 이 나무들이 자랄 수 있는 것은 그곳에 강이 흐르기 때문이다. 하나님은 에스겔에게 보여 주신 환상을 통해서 광야가 오아시스로 바뀐 것임을 말씀해 주셨다. 죽었던 광야가 살아날 것임을 말씀해 주신 것이다.

하나님이 하늘 문을 여시고 비를 내려 주시면 광야에도 꽃이 핀다. 광야가 꽃처럼 활짝 피어난다. 광야가 살아나게 된다. 광야가 생명을 품게 된다. 사막과 같은 우리의 심령과 우리의 가정과 우리의 인생에도 하나님의 말씀의 생수가 흘러들어 오면 우리의 심령과 가정과 인생이 꽃처럼 활짝 피어나게 될 것이다.

사막과 같은 우리의 인생에도
하나님의 말씀의 생수가 흘러들어 오면
우리의 인생이 꽃처럼 활짝 피어나게 될 것이다.

광야에서 나오다

양 치는 목자, 모세

모세는 광야의 사람이다. 광야에서 태어나고 광야에서 살다가 광야에서 죽었다. 애굽의 궁중에서 40년을 지냈지만 엄밀히 말하면 애굽도 광야이다. 욱하는 성질을 참지 못하고 사람을 쳐 죽여서 40년 동안 미디안 광야에서 지냈다. 40년 동안 모세는 미디안 광야에서 양을 쳤다. 양 치는 일은 옛날이나 지금이나 비천한 직업에 속한다. 아프리카에서는 예수님이 우리의 '목자'라고 하면 이상하게 여긴다. 왜냐하면 그 사회에서는 목자가 가장 비천한 직업이기 때문이다. 예수님 당시 유대 사회에서도 목자는 법정의 증인으로 세우지 못하도록 되어 있었다. 그 정도로 비천한 직업이 양치는 일이다.

모세는 왜 미디안 광야에서 양을 쳤을까? 광야에서는 양 치는 일 외에 딱히 할 만한 것이 없다. 광야는 아무것도 할 수 없는 곳이기 때문이다. 씨를 뿌리고, 농사를 지을 수도 없다. 광야에서 살아남기 위해 할 수 있는 일은 양 치는 일밖에 없다. 그래서 평생을 광야에서 살아가는 베두인들이 양을 치는 것이다. 베두인들이 광야에서 양만 치는데도 살아갈 수 있는 이유가 있다. 광야에서 양은 의식주 문제를 해결해 주기 때문이다. 양을 통해서 매일 신선한 우유를 공급받을 수 있다. 양젖으로 치즈나 요구르트도 만들어 먹을 수 있다. 양이 죽으면 고기를 먹고, 양털로는 옷을 해 입는다. 가죽은 장막이나 신발을 만드는 데 사용된다. 뼈로는 연장을 만든다. 또 배설물은 불을 지피는 데 사용된다. 어느 것 하나 버릴 것이 없다. 이 정도면 최소한의 의식주 문제를 해결할 수 있다. 이런 이유로 광야에 사는 사람들은 양을 친다. 양만 치고도 광야에서 살아남을 수 있는 것이다. 그래서 모세도 양을 쳤다.

모세는 40년간 양을 쳤다. 그런데도 그는 자신의 양을 갖지 못했다. 모세가 친 양들은 장인 이드로의 양이었다. 어떻게 40년 동안 양을 쳤으면서도 자기 양이 없었을까? 어떻게 40년 동안 남의 양만 치며 살았을까? 적어도 40년간 양 치는 일을 했으면 자기 양 몇 백 마리는 있어야 하는 것 아닌가? 그러나 모세에게는 자기 양이 없었다. 40년이나 양 치는 일을 했는데도 남의 양을 치는 삯꾼 목자의 신세를 면하지 못했던 것이다. 그는 얼마나 자신의 모습이 한심하게 보였을까? 처가살이를 하는 자신이 얼마나 무능하게 느껴졌을까? 애굽 왕자의 신분에서 갑자기 초라한 양치기로 내려앉은 그는 꿈도 희망도 없이 좌절하며 하루하루를 보냈을 것이다.

불타는 떨기나무

그러던 어느 날 호렙 산 근처에서 양을 치고 있는데, 어디선가 연기가 모락모락 피어올랐다. 떨기나무에 불이 붙은 것이다. 모세는 대수롭지 않게 여기고 하던 일을 계속했다. 그러다가 우연히 그곳을 쳐다보게 되었는데, 아직도 불이 꺼지지 않고 있었다. 이상한 일이었다. 떨기나무는 불이 붙으면 삽시간에 다 타 버리고 만다. 그런데 불이 꺼지지 않고 계속 타고 있었던 것이다. 모세는 떨기나무 가까이 다가갔다.

우리는 이 장면을 상상할 때 불이 활활 타오르는 장면을 떠올린다. 그리고 그 불꽃 가운데서 천사가 나타나 모세를 부르는 그림을 그릴 것이다. 하나님이 현현하시는 순간이니 얼마나 장엄하겠는가? 그러나 사실 광야의 떨기나무는 초라하기 그지없다. 키가 1미터도 안 된다. 잎사귀도 하나 없고, 꽃도 피우지 못한다. 앙상한 모습으로 그저 살기 위해 몸부림치는 가련한 나무다. 그런 나무에 불이 붙었는데 불꽃이 활활 타오르겠는가? 금세 타서 불이 사그라들 것이다. 모세는 떨기나무를 바라보며 "꼭 네 모습이 내 모습 같구나"라고 말했을 것이다. 떨기나무는 시냇가에 심겨진 나무가 아니라 광야에 심겨진 나무다. 성경에서는 광야에 심겨진 나무를 저주의 상징으로 표현한다. 불이 붙은 떨기나무는 바로 그런 나무이다.

모세가 떨기나무를 바라보고 있는데 그곳에서 하나님의 음성이 들려왔다. "모세야, 모세야!" 40년만에 하나님이 모세를 찾아오신 것이다. 이때 모세의 심정이 어떠했을까? 하나님께 감사한 마음이었을까? 아니면 하나님을 원망했을까? 인간적으로 보자면, 모세는 하나님이 원망스러웠을 것이다. 40년 동안 광야를 헤매며 허송세월 한 것이 억울했을 것이다. 언젠가 하나님이 찾아와 주실 거라 기대했는데, 단 한 번도 자신을 찾아 주시지 않은 하나님이 미웠을 것이다. 이제 그의 나이 팔십이 되었다. "하나님, 어떻게 저를 이 광야에 보내시고 한 번도 찾아오시지 않을 수 있습니까? 하나님, 너무하신 것 아닙니까?" 그는 서운한 마음에 이렇게 이야기했을지 모른다.

광야의 모래 위에 맨발로 서다

모세는 하나님이 이스라엘 백성들을 이끌고 출애굽 하라는 명령을 받아들이지 않았다. 자신이 부족하다는 핑계로 하나님이 내리시는 사명을 피해 가려 했다. 그때 하나님은 모세에게 "네 발에서 신을 벗으라"고 명령하셨다. 왜 갑자기 하나님은 모세에게 신을 벗으라고 하셨을까? 그것은 기본적으로 하나님에 대한 존경과 경의의 표현이었을 것이다. 그런데 재미있는 것은 모세가 서 있는 곳이 광야라는 사실이다. 광야는 한낮에 화씨 160도까지 올라간다. 맨발로 서 있기 어려울 정도로 뜨겁다. 그런 곳에 하나님은 모세를 맨발로 서 있게 하셨다. 모세의 항복을 받아내시기 위해서 말이다.

　그렇다면 하나님은 왜 굳이 모세를 지도자로 세우려 하신 것일까? 더군다나 그의 나이는 무언가 새로 시작하기에는 너무 많아 보인다. 하지만 하나님은 알고 계셨다. 모세가 40년 동안 광야를 헤매면서 진정한 광야의 사람이 되었다는 것을 말이다. 모세는 광야에서 어떻게 살아야 하는지, 어떻게 해야 살아남을 수 있는지를 몸으로 체득한 사람이다. 그는 누구보다 광야를 잘 아는 사람이었던 것이다. 진정한 광야의 지도자는 광야에서 나온다. 광야를 통과한 사람만이 광야의 지도자가 될 수 있다. 광야를 지나 본 사람만이 광야를 지나는 사람들을 도울 수 있다. 모세가 바로 그런 인물이었다.

하나님은 출애굽 이전에 이미 이스라엘 백성들을 광야를 통해 가나안으로 데려가실 계획을 갖고 계셨다. 그리고 그들을 광야에서 무사히 인도해 가나안까지 데려갈 인물이 필요하셨다. 그러한 인물로 모세를 생각하시고 40년 동안 광야에서 훈련받고 연단받게 하셨다. 모세는 출애굽 하여 지나가게 된 광야를 손바닥처럼 훤히 꿰뚫고 있었다. 모세야말로 출애굽의 지도자가 되기에 가장 적합한 인물이었던 것이다.

모세 입장에서는 40년 광야생활이 허송세월 같겠지만, 그 기간은 매우 값진 시간이었다. 그 시간이 있었기에 출애굽의 지도자 모세로 다시 태어난 것이다. 모세를 모세로 만든 것은 그가 등 떠밀려 들어간 광야였다.

하나님이 세우시는 광야의 지도자

모세는 하나님이 찾아오셨을 때 이제 광야의 삶도 끝나겠구나 하는 기대를 했을 것이다. 지긋지긋한 광야를 벗어날 수 있을 거라는 희망을 가졌을 것이다. 그러나 그의 광야생활은 끝이 나기는커녕 또다시 40년간 이어졌다. 그러나 이번엔 도망자 신세가 아니라 하나님의 사명자로서 구원 역사를 이루기 위해 광야로 들어간 것이다.

그러면 우리의 광야생활은 어떠한가? 모세처럼 80년이라는 세월을 광야에서 보낼 수 있겠는가? 하나님이 찾아오실 때 우리의 광야생활이 끝날 수도 있지만, 끝나지 않을 수도 있다. 모세처럼 새로운 광야로 들어갈 수도 있는 것이다. 그러나 그때 들어가는 광야는 지금 지나고 있는 광야와는 다른 광야일 것이다. 그때는 광야의 지도자가 되어 광야를 지나는 사람들을 도와주고 있을 것이다.

광야의 지도자는 광야에서 만들어진다. 광야의 지도자는 광야를 통과하면서 만들어진다. 광야를 지나가 본 사람만이 광야의 지도자가 될 수 있다. 지금 지나는 광야를 통해 우리는 광야의 지도자로 세워지게 될 것이다. 지금 이 광야를 잘 통과하면 우리는 하나님께 귀하게 쓰임받게 될 것이다.